青少年科技体育模型 STEAM 教育

主 编 李湘黔

空中机器人

主　审　陈碧轩

主　编　谭晓红　黄　凌

参编人员　谢益林　骆文辉

张　浩　杨吉民

李仁杰

湖南大学出版社·长沙

图书在版编目（CIP）数据

空中机器人 / 谭晓红，黄凌主编. — 长沙：湖南大学出版社，2021.7

（青少年科技体育模型STEAM教育系列/李湘黔主编）

ISBN 978-7-5667-2241-6

Ⅰ.①空… Ⅱ.①谭… ②黄… Ⅲ.①机器人–小学–教材 Ⅳ.①G624.581

中国版本图书馆CIP 数据核字（2021）第118932号

空中机器人

KONGZHONG JIQIREN

主　　编：谭晓红　黄　凌

责任编辑：张建平

印　　装：长沙鸿和印务有限公司

开　　本：787 mm × 1092 mm　1/16　　　　印　　张：8.75　字　　数：142千

版　　次：2021年7月第1版　　　　　　　　印　　次：2021年7月第1次印刷

书　　号：ISBN 978-7-5667-2241-6

定　　价：48.00元

出 版 人：李文邦

出版发行：湖南大学出版社

社　　址：湖南·长沙·岳麓山　　邮编：410082

电　　话：0731-88821691（营销部）　88821174（编辑部）　88821006（出版部）

传　　真：0731-88822264（总编室）

网　　址：http://www.hnupress.com

序

少年强则中国强。古有"人生立志在少年"之说。

越来越多的科技方面的成功人士的实践证明：青少年立志乃至后来的发展与成功，注意力是"门户"，兴趣是"阶梯"，而知识则是基石、动力，也可比喻为"翅膀"。

不少人儿时都做过在天空中飞、在海中游的梦。能不能自己制造出由自己操纵自如的物体，让自己的梦想成真呢？

不少父母都给孩子买过遥控玩具飞机、汽车、轮船，引发了孩子强烈的好奇心和兴趣，能不能由此更进一步，引导孩子继续启关注之门户，登兴趣之阶梯，长知识之翅膀，继而步入热爱科学、有所作为之坦途呢？

这套青少年科技体育模型 STEAM 教育系列图书给出了肯定的回答。

这套书是着眼于发展青少年航模运动来编写的。从新中国成立初期到 20 世纪 80 年代，作为军事体育的航模运动在我国受到极大重视，促进了青少年航模运动蓬勃发展。早在 1963 年，株洲 331 厂子弟学校的同学们利用参加第一届全国少先队员夏令营的契机，将亲手制作的航空飞机模型敬献给毛泽东主席，为航模运动赢得了无上荣光。随着科学技术、人工智能及信息产业的飞速发展，无人机在军事与民用领域大放异彩，机器人的应用越来越广泛，无人驾驶汽车已开始进入我们的日常生活……5G时代引领的智能社会正朝我们阔步而来，催生着众多的智能产业群。社会对智能科技方面人才的需求将更火爆而持续。在这一时代背景下的航模运动，已不只是一般的体育运动，还肩负着普及其涉及的广泛的科学知识，以及从青少年抓起培养这方面的科技人才的重任。因此，它比以往任何时候都更加受到社会的关注，得到党和政府的重视。国家体育总局、国家发展和改革委员会、工业和信息化部等九部门印发了《航空运动产业发展规划》，提出了构建布局合理、功能完善、门类齐全的航空运动产业体系，基本形成安全规范、管理有效、广泛参与、军民融合的航空运动产业发展格局，整体产业经济规模达到2000亿元，建立航空飞行营地2000个、各类航空运动俱乐部1000家，参与航空运动消费人群达到2000万人等具体发展目标。这一重大决策，为航模运动在新时代的发展指明了方向，提供了强大动力。

作为航模运动主要载体的航空模型，是一种有尺寸和质量限制的雏形航空器。它是一项集空气动力、电子、机械、无线电、材料、工艺、结构力学、气象、测量等多学科于一体的科技体育运动，具有很强的益智性、观赏性、竞技性。因此，航模运动应成为开展科普教育的重要项目之一。这种教育培训，有利于青少年从兴趣爱好出发，循序渐进学习科学知识，培养他们动脑动手、克服困难、勇于进取的优良品质，促进他们德、智、体、美、劳全面发展。

湖南省体育模型运动协会致力于航模运动的推广与发展，认真谋划，联合湖南省云顶航空模型俱乐部组建教材编写研发团队，怀揣体育强国、科技强国的中国梦，凝心聚力、孜孜以求，从飞行的视角认知科技体育世界，诠释科技体育内涵，以 STEAM 教育理念为核心，以航模运动为载体，开启了长达两年的教材编写研发工作。研发团队秉承专业、责任、探索之精神，开拓创新、积极实践，坚持理论与实践相结合，由浅入深、由表及里，累计科学测试 500 多次、飞行训练 2000 多千米，从而保证了每一章节内容与知识点的准确、合理，具有启发性和可操作性；同时，邀请资深航模专家进行深度探讨，并联合国内知名院校 STEAM 研发实验室开展技术人才交流与研发合作，使这套教材质量得到了提升，填补了青少年航模运动专业教材的空白。

这套书最突出的一大亮点，是遵循现代创新教育理念——STEAM 教育理念。STEAM 的核心是集科学、技术、工程、艺术、数学于一体的综合教育。这套书以"科技 + 体育"的航模运动作为 STEAM 教育的最佳载体，将生活中的点滴现象与实践作为支撑，引领青少年以学科整合的方式开展学习和实践，满足其科学学习需求与综合能力培养需求，最终达到动手能力、动脑能力、创造能力等多方位能力的培养，实现学生科学（science）素养、技术（technology）素养、工程（engineering）素养、艺术（art）素养、数学（mathematics）素养的全面提升。这些素养上的提高，对受教育者来说，无论今后从事何种职业，都是大有裨益的。

冬天的蛰伏是为了春天的华丽蝶变。可以预期，这套知识体系完善、内容有趣生动、操作实践性强的STEAM航模系列教材的诞生，并在被誉为"数字经济新引擎"的5G、大数据的新时代到来之际投入应用，必将大大促进航模运动的发展。让"科技＋体育"成为新时代生活形态；让航模活动成为普及知识、训练技能的课堂；让更多的青少年在航模天地里自由翱翔，叩航天科技之门户，添探索宇宙之兴趣。由此起步，登苍穹之云梯，踏飞翔之征途，展翅高飞，直插蓝天！

湖南省体育局党组书记、局长：李舸

2021 年 3 月

目　次

下　编

上　编

　　同学们，你们知道什么是空中机器人吗？空中机器人又能做什么事情呢？自己能不能也做出一个空中机器人呢？

　　这本书将会给你介绍一种很奇特的空中机器人——多旋翼无人机！

　　如果把多旋翼无人机比做人的话，那么，身体就像机架承载了各种模块；肌肉就像电调，驱动各个部件；四肢就像电机；手脚就像螺旋桨；大脑就像飞行控制器；电池就像食物，可以提供活动的能量。

　　多旋翼无人机是由哪些部件组成的？每一个部件的功能又是什么呢？带着这些问题，让我们进入多旋翼无人机的世界！

无人机骨骼
——机架

同学们，你们知道机架的作用是什么吗？

通过图片我们可以看到，机架承载了无人机上所有的部件。如果把人体比作一架无人机，那么机架就是长有大脑、四肢的身体。

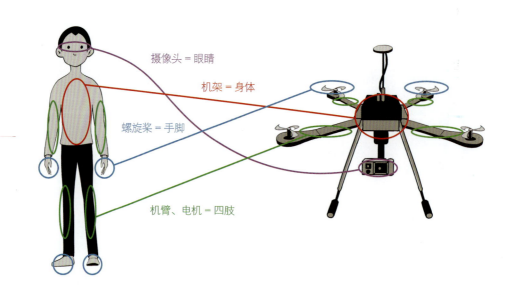

摄像头＝眼睛

机架＝身体

螺旋桨＝手脚

机臂、电机＝四肢

那么在现实当中，真正的无人机机架是什么样子的呢？

做一做

接下来，我们就利用材料包提供的零件，拼装一个多旋翼无人机。在拼装的过程中，一边认识机架上的结构，一边思考各种结构的特点。

零件说明	
1	中心板固定零件 AB
2	大号螺旋桨固定零件
3	机架
4	保护架支架
5	保护架
6	螺旋桨轴 1
7	螺旋桨轴 2
8	螺旋桨
9	小号螺旋桨固定零件
10	中心板

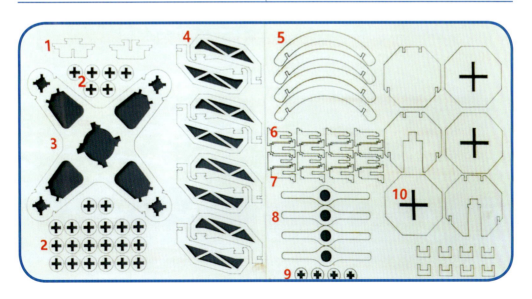

1. 取两个 1 号零件，交叉安装在一起。再取三个 10 号零件重叠摆放在一起，完成后如图所示。

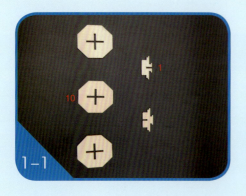

2. 将交叉的 1 号零件插入重叠的 10 号零件，飞控板块的制作完成。

3. 将安装完毕的飞控板块，安插在 3 号零件上，轻轻逆时针（时钟转动相反方向）扭动飞控板块将其固定。

4. 下一步我们来安装螺旋桨，取6号和7号零件，安插在一起组成螺旋桨轴。

5. 螺旋桨轴安装好后，取一个8号零件，五个2号零件，和一个9号零件，按照"6—7—8—2—9"的顺序，将螺旋桨部分安装完毕。

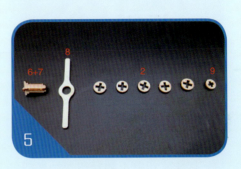

6. 9号零件作为最后的固定零件，安装在螺旋桨轴的末端。

7. 按照同样的方法，做出四个螺旋桨。

8. 将四个螺旋桨安装在机架上的四个预留位置，轻轻旋动螺旋桨轴，将其固定。

9. 接下来，安装保护架。取两个 4 号零件，用凸起的插孔固定在一个 5 号零件上，组成桨叶保护架。

10. 按照同样的方法，准备四个桨叶保护架；将桨叶保护架的两个支架端口，固定在机臂上的预留保护架插口上。

11. 拼装完成。

经过前面的实验，相信同学们都可以制作这个简单的机架了，现在我们来挑战一下自己，请同学们发挥自己的想象，运用下面的插片积木，来制作出自己的无人机。

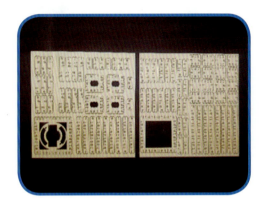
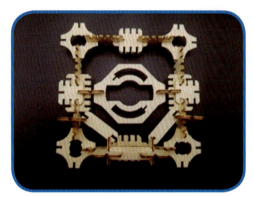

说一说

请同学们说一下自己制作的无人机机架有哪些特点？

机架具有的性能特点介绍。

1. 坚固性

相比汽车和轮船，飞机对自身的坚固程度有更高的要求，机架还要有适当的柔韧性。只有具备这两项基本飞行条件，飞机在起飞、降落时才能扛住冲击力，确保在高速飞行时不会解体，在轻微碰撞时，哪怕有变形也不会损坏。

2. 轻量化设计

在满足机身坚固性的条件下，只有尽可能地减轻机身重量，才能提高飞机的飞行性能，延长飞机的飞行时间。因此，在设计时除了尽量选择重量轻的材料，比如钛合金、铝合金、碳纤维、塑料、木板，还经常在材料上打孔，更进一步减轻重量。

常见的碳纤维机架相比其他普通机架具有强度高、质量轻、耐用、抗腐蚀性好等优点，但价格较高。

碳纤维机架

塑料机架

3. 结构稳定性

机架上重量分配要平均，保证重心在机架的中心位置，这样起飞后有助于保持飞行平稳。

4. 轴距

轴距指的是对角线电机的电机轴之间的距离。

轴距越大，稳定性越好。这是因为姿态改变时，更大轴距的无人机反应也会更加迟钝。

人们还习惯根据轴距的距离命名无人机的机架。如 F450（轴距 450 mm）、F550（轴距 550 mm）、S1000（轴距 1000 mm）

F450

F550

S1000

知识拓展

认识各类机架

1. X 型机架

X 型机架的优点是，搭载摄像头时，X 型的机架不会遮挡所带摄像头的视角，有利于航拍、监测等任务要求。

X 型机架常见的机型有大疆精灵系列、大疆特洛、美嘉欣、乐迪、大多数穿越机等。

大疆精灵 4

2. H 型机架

目前来说，常见的使用 H 型机架的机型有大疆悟系列。悟系列机架是可升降变形的，因为悟系列的摄像头需要向左右转动来进行拍摄（双控模式），所以只有使用可变形的 H 型机架，才能避免拍摄的时候，摄像头左右转动时拍摄到脚架。

地面模式（机架朝下）

飞行模式（机架朝上）

3. 多轴机架

上面说的都是四轴的机架，其实还有六轴、八轴的机架，理论上，多旋翼无人机上的电机越多，提供的升力就会越足，无人机整体的稳定性就越好。但是电机数增多的同时，无人机整体的重量和体积也会变大，有可能会导致续航时间受到影响。

对于航拍而言，无人机的操纵性、便捷性是航拍要求的重点，而续航时间更是重中之重，因此现在常见的航拍无人机多是四轴 X 型结构，这种结构的无人机理论效率最大。

一架无人机在设计初始就要考虑机架轴距和螺旋桨尺寸的问题，随着机架轴数的增加、螺旋桨数的增加，机架的体积尺寸也会随之增大，无人机的续航时间也会受到影响。

六轴机架

八轴机架

无人机动力核心
——电机

第一次认识电机

有了一个稳固的机架，我们还需要什么才能让无人机飞起来？

A：吹起来

B：扔起来

C：遥控器操作起飞

答案：C。

这是因为当我们操作遥控器，遥控器命令螺旋桨高速旋转，而给螺旋桨提供动力的是电机。

走你！

前面我们提到过，把无人机比作人，无人机的电机相当于人身体的四肢。

电机是让螺旋桨旋转起来的部件。一般航空类小型飞行器需要重量轻、转速高的电机。而常用的无人机电机有两种：无刷电机和有刷电机。

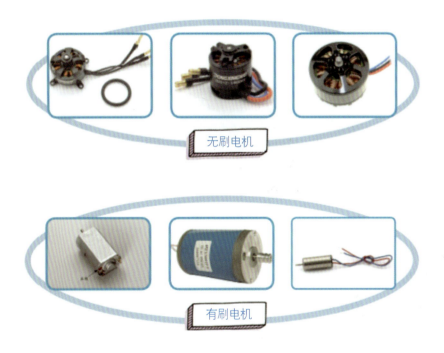

相比之下无刷电机比有刷电机效率更高、动力更足，是目前电动航模的首选。下面我们就来简单介绍一下这两种电机的区别。

1. 有刷电机

有刷电机是所有类型电机的基础，基本结构包括一个转动的零件—— 转子；一个固定的零件——定子；和相当于导线连接转子的部分——碳刷。有刷电机通电后，电流驱动转子不停改变磁场极性，推动磁铁旋转产生动力。常见的有刷小型电机用于轻小型无人机、玩具飞机等，具有体积小、价格低的优点。

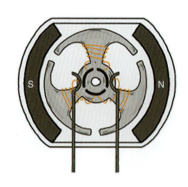

2. 无刷电机

因为有刷电机的碳刷容易被磨损，所以人们又发明了无刷电机，无刷电机不仅简化掉了碳刷，使电机更加耐用，同时还提高了效率，使无刷电机转速更快，力量更大。

而无刷电机又分为两种——内转子无刷电机和外转子无刷电机。

内转子无刷电机　　　　　　　　　　　外转子无刷电机

航模用无刷电机多为外转子无刷电机，外转子无刷电机的转子（外壳）是永磁磁钢，定子是绕组线圈。通电时，外壳会连同轴体转动。

做一做

跳舞的线圈

电机看起来很复杂，其实做起来却既简单又好玩。接下来就教大家做一个简单的有刷电机。

跳舞线圈实验材料	
电池	1 个
铜线	1 m
磁铁	4 个
铁制垫片	1 个

操作步骤

1. 将 1 个磁铁和铁制垫片吸附在电池的正极；将 3 个磁铁吸附在电池负极。

2. 用铜线弯折成一个闭合的框，底部弯折成一个圆；在线框连接处留出一个端头，将线框中接触电池与磁铁部分的绝缘漆剥掉。

剥绝缘漆

3. 轻轻将线框端头放在电池上，底部接触磁铁。

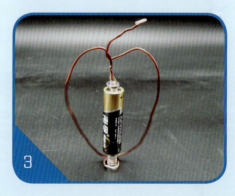

线框旋转起来要注意以下几点：

（1）线框应该选择导电的但不被磁铁吸引的材质，如铜线；

（2）与电池正极、钕磁铁接触的部位保证导通，即没有绝缘漆；

（3）各部位接触正常；

（4）如果线圈不转，给它一个起动的助力。

在同学们的努力下，我们的跳舞线圈已经可以欢快地跳舞了。我们再来制作一个跳芭蕾的铁钉！

电与磁本是一对孪生的兄弟，在一定条件下，电周围可以产生磁场，在磁场中也可以产生电。《跳芭蕾的铁钉》是一个有趣的小实验，在特定的条件下，通电的铁钉会在磁场中旋转起来，就像在跳芭蕾舞。

拓展实验一 跳芭蕾的铁钉

跳芭蕾的铁钉实验材料	
电池	1 个
铁钉	1 个
磁铁	1 个
导线	1 个
胶带	1 个

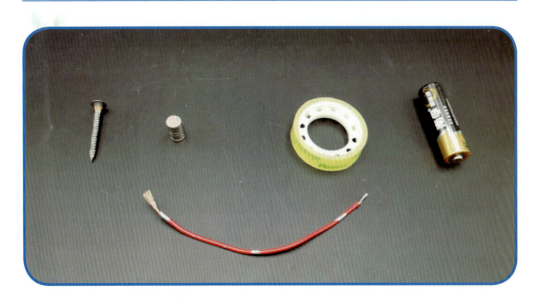

1.用胶带将导线固定在电池正极上，接着在导线上吸附几个磁铁。

2.铁钉头部贴几个磁铁。

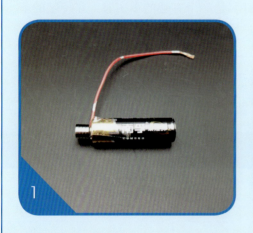

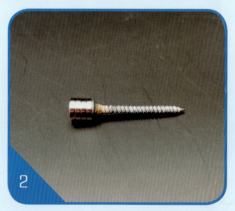

3.一只手拿起电池，将铁钉尖端吸附在电池负极，另一只手用导线接触铁钉下面的磁铁。

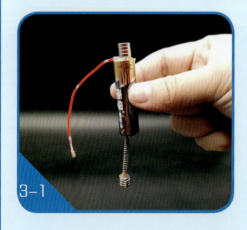

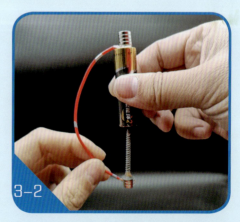

做到这里小朋友们就会发现，铁钉欢快地旋转起来，就像跳起了芭蕾一样！

我和电机有个约会

当我们给电动机接通电源的时候，我们可以看到，电动机在飞速地旋转，那么如果我们不接通电源，手动转动电动机会怎么样呢？

上节课我们也说过，电与磁本是一对双生的兄弟，在一定条件下，电周围可以产生磁场，在磁场中也可以产生电。下面我们就来看一看，是什么在磁场中产生电吧！

制作一台小型发电机。

做一做

任务目标：点亮小灯泡。

根据材料包提供的零件，小朋友们发挥想象，自行组装一个手摇式发电机。

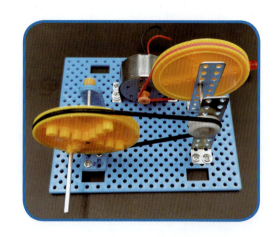

注意事项：

（1）持续摇动摇杆才会使小灯泡发亮。

（2）因为我们采用的是有正负极之分的小灯泡，所以如果发现转动握把后灯泡不亮，则需要尝试换一个方向摇动握把，或者调换小灯泡两极，即可成功使小灯泡亮起来。

想一想

通过上面的实验我们发现，摇杆带动电机，摇杆旋转方向不同时，电机旋转方向也会不同，而小灯泡的亮与不亮也受到了电机转向的影响。

那么在多旋翼上的电机转向是不是完全相同的呢？不同的转向会不会影响无人机呢？

小朋友们见过的多旋翼飞行器大部分是四轴无人机。那么你们知道四轴无人机的四个电机的旋转方向是怎么样的吗？

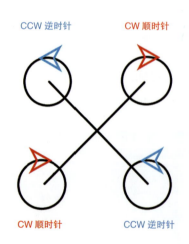

CCW 逆时针　　CW 顺时针

CW 顺时针　　CCW 逆时针

其实四轴无人机电机旋转方向并不是完全相同的。但大家知道这是为什么吗？

这是因为一个电机在高速旋转的同时，承载电机的机架会受到一个与电机运转方向相反的力，我们称之为反扭力。

从上图我们可以看到，四轴飞行器的螺旋桨转动方向有一定的排布规律，其中靠在一起的两个桨转动方向是相反的，而相对的，对角的两个螺旋桨的转动方向则是相同的，因为这样的设计是可以抵消反扭力的，抵消了反扭力，无人机才可以保持稳定的飞行或悬停。

知识拓展

反扭力到底是个什么力？

在了解什么是反扭力之前，我们先了解一下什么是作用力和反作用力。请大家先思考一下生活中的这些现象。

（1）划船的时候，去推另外一艘飘在水面上的船，发现另一艘船被推开的同时，自己的船也被推开了。

请不要在没有家长陪同的情况下私自下水游泳哦！

（2）小朋友面对着墙壁用力推墙，会发现自己也会受到一个力将自己反向推开。

（3）用力拍桌子时，如果力量够大，桌子会受到手的压力而被拍坏，自己的手也会痛。

没错，这些都是作用力与反作用力关系。

多旋翼无人机在天上飞行，也存在作用力与反作用力的关系。

电机带动螺旋桨旋转，螺旋桨切割空气的同时，空气也在阻碍螺旋桨，因此产生一个与电机旋转方向相反的力，这个力就是前面提到的反扭力。

直升机在天上飞行，如果没有尾巴上的螺旋桨旋转，这个反扭力就会导致直升机自身也在旋转，方向与螺旋桨的旋转方向相反。

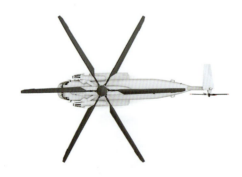

生活中许多现象都可以用作用力与反作用力的关系来解释，大家再多方面思考一下，还有哪些现象？

作用力和反作用力，我们可以亲身体验到，那么反扭力，我们看得到吗？答案当然是肯定的。

下面，我们来做一个反扭力的展示器。

反扭力展示器材料	
有刷小电机	1 个
小棍子支架	2 根
铅笔	1 根
航模锂电池	1 个
延长导线	2 根
圆形模板	1 个
白纸	1 个
胶带	若干

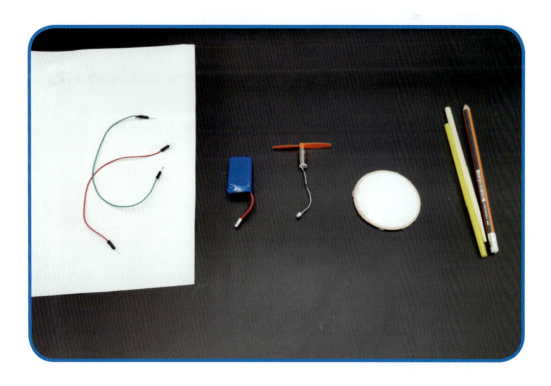

1. 用胶带将三根支架固定在圆形板边缘上，支架尽量保持在同一高度。

2. 铅笔末端用纸胶带固定后，再固定一个有刷小电机。

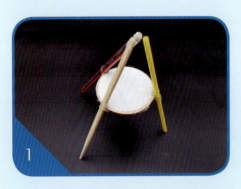

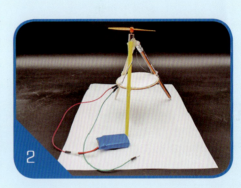

3. 安装好螺旋桨、导线和导线延长线后，用延长线的两个接头连接电池。

4. 观察铅笔头在纸张上画出的轨迹方向和螺旋桨旋转的方向。

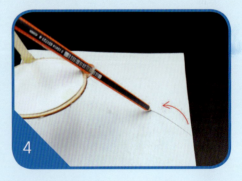

现象： 经观察发现，从上往下看螺旋桨的旋转方向和铅笔的书写方向是相反的，而这个给铅笔反向扭动的力量就是反扭力。

注意： 为了防止侧翻，我们选择让螺旋桨反转，升力向下，更有助于铅笔留下清晰的印记。

3

无人机的手脚
——螺旋桨

经过上一章的学习，我们知道了电机是无人机上非常重要的零件，那么只要电机高速旋转，无人机就可以起飞了吗？当然不是的，这节课，我们来学习一下螺旋桨，看看螺旋桨是怎么给无人机提供升力的，螺旋桨的形状是否是固定不变的？

通过人体模型我们知道，螺旋桨如同手脚一样，是出力的工具。

做一做

下面这个实验我们用一个常见的小东西——竹蜻蜓，来模拟螺旋桨。

制作竹蜻蜓实验材料	
细直轻质木棍 （或其他轻质材料）	4 根
胶带	若干
250 g 硬卡纸	若干

操作前准备：

裁出纸条若干，长短、粗细各不同，为了增加其硬度可以将两个纸条粘在一起使用。

1. 在纸条中间用裁纸刀刻出一个 ×。

2. 将准备好的木棍插入到纸条的 × 位置，露出大约 1 cm，然后我们用胶带将棍子与纸条固定好。

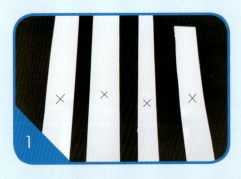

3. 轻轻扭曲纸条。

（1）想一下，如果竹蜻蜓桨叶没有扭曲，它还会不会升高飞起来？

（2）比较一下，用力转动和轻轻转动竹蜻蜓时，哪种情况飞得更高？

（3）如果用大纸条和小纸条分别做桨叶，在转动速度相同的条件下，哪个竹蜻蜓飞得更高？

这三个问题，请同学们仔细思考一下，下节课记得要告诉老师哦！

做一做

通过前面的实验，我们制作了竹蜻蜓，它的旋转速度还是很慢的。如果让螺旋桨以更高的速度旋转会怎么样呢？

下面的实验，是升力实验台的实验，这个实验可能比较难做，请同学们跟着老师一步一步来完成，进一步了解螺旋桨的知识。

零件清单	
1	上升台板块 A
2	上升台板块 B
3	底座板块
4	底座板块
5	插销
6	底座板块
7	底座底板
8	炮筒板块 A
9	底座板块
10	炮筒板块 B
11	电机板
12	炮筒固定板

操作步骤

1.首先制作上升台，将 11 号电机板安插在 1 号板块的中间插孔上。注意将 11 号圆孔板放在中间位置，另一块放在顶部位置，再用一块 1 号板插在 11 号另一端（这样安装比较省力，不易损坏零件）。

2. 最后再将两块 2 号零件组装好，拼成一个方盒的形状。上升台组装完毕。

3. 各取两块 8 号和 10 号零件，组成方盒形状的炮筒。

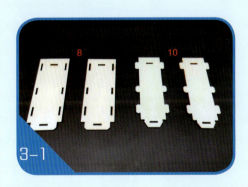

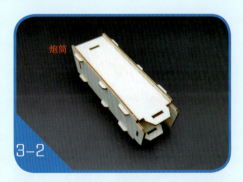

4. 将炮筒安插在 12 号炮筒固定板上，按照下图的箭头指示，用 5 号零件安插到凸起的孔中将其固定。

4-2

4-3

5. 接下来安装底座。取 6 号、7 号、9 号板块，做一个无顶盖的盒子形状，底座安装完毕。

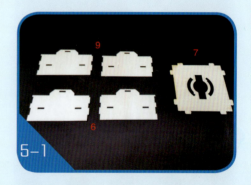

5-1

5-2

5-3

6. 最后，结合材料包里的电机和螺旋桨，将所有结构组装在一起。

（1）将电机安装在上升台顶部电机板孔中，轻轻扭动电机进行固定；

（2）炮筒安装在底座上，用 5 号零件插销安插在凸起的孔中进行固定；

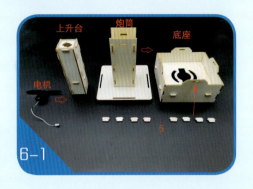

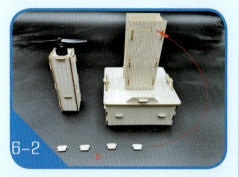

（3）将带有电机的上升台装进炮筒中，再按照下图所示将 5 号零件插销插在炮筒限高孔中；

（4）升力台组装完毕。

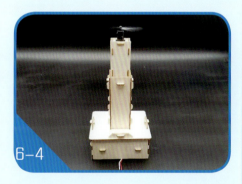

前面的课程中，我们做了竹蜻蜓的制作实验。现在我们有了升力实验台之后，可以尝试制作缩小版的各种不同形状的竹蜻蜓桨叶，通过用胶水、胶带贴粘的方式固定在电机已有桨叶上，探究螺旋桨形状与产生升力的关系。

想一想

螺旋桨和电机都有各自的型号，型号不同，大小、长短、高矮也各不相同。那么我们能随便用一个桨叶安装在任意一个电机上吗？

其实，为了组装完成后的无人机有更高的飞行效率，不同的电机要选择适合自己的螺旋桨。图中左边的电机装上了合适的桨叶，能发挥出最佳的性能，而右边的电机性能参数和左边一样，但却装上了过小的桨叶，无法发挥出电机最佳的性能。

比如，生活中常见的扇扇子。正常来说，大人用大蒲扇、小朋友用小扇子，扇风都可以达到降温的效果。但如果交换使用扇子，我们会发现大人使用小扇子降温效果不好，小朋友使用大扇子扇风会费力。

比如下雨天撑伞，小朋友用大雨伞和小雨伞都可以达到遮风挡雨的效果，如果反过来，小朋友用大伞，大朋友用小伞，还会合适吗？

螺旋桨的性能、效率与什么有关？

小朋友们现在都知道，只有在电机上安装螺旋桨并旋转起来，才能使无人机升起来，那么是不是所有的螺旋桨产生的升力都一样呢？螺旋桨的性能、效率与什么有关呢？

其实，影响螺旋桨性能和效率的因素有很多，比如桨叶的直径、桨叶角、螺距、桨叶数等。

直径：相对来说，直径是影响螺旋桨效率的直观因素之一，基本上直径越大，螺旋桨的升力越大。

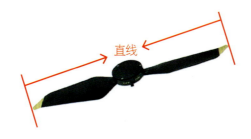
直线

桨叶角：桨叶角又称为桨叶的扭角，可以粗略地理解为桨叶倾斜、扭曲的程度。若想要使螺旋桨达到最大效率，桨叶角要有一个适当值。所以，我们常见的无人机所用的螺旋桨都是固定桨叶角的桨叶。

螺距：螺距更加直接地指出了螺旋桨的工作特点。

螺距可理解为螺旋桨旋转一周后所前进的距离。可以联想成螺母在螺钉上旋转一周所移动的距离。桨叶叶片上一般会标有表示型号的数字，比如"1060"的含义为"直径 10 in（英寸），螺距 6.0 in（英寸）"。

桨叶数：一般的情况是，桨叶数越多，切割空气的桨叶面积越大，产生的升力就越大。当然，桨叶数的增加，也会导致桨叶重量的增加。

螺旋桨两边的桨叶一定要做得一样长吗？

桨叶的外形中存在着许多力学的知识。

对称的桨叶就像天平一样。

如果我们制作一个非对称桨叶的竹蜻蜓，尝试让它飞起来，观察它的姿态，就可以观察到竹蜻蜓飞行姿态并不稳定，飞行时有很明显的振动。

所以说，只有两边对称桨叶的竹蜻蜓，在旋转起来后才可以达到转动。

在现实生活当中，除了螺旋桨以外，还有很多其他的东西，也是需要达到转动平衡才能正常使用的，比如汽车的轮胎、轴承以及教室里的吊扇。

那是不是所有的电机都要达到转动平衡呢？

不是的。电动牙刷中安装的偏心轮电机就没有达到转动平衡，因此在转动时会产生振动。电动牙刷就是利用这种振动，来达到清洁牙齿的目的。

轴承

轮胎

吊扇

电动牙刷

4

简单空气动力学

请同学们来想一下，火车站台上为什么会设置安全线？足球运动员为什么能做到弧线射门？这些问题，和飞机起飞有没有什么关系呢？

火车站台上的黄色安全线

弧线射门

这些问题的答案全部可以归功于一个定理——伯努利定理。

1738 年有个叫做丹尼尔·伯努利的人，他经过大量实验得出一个结论：在一个流体系统中，比如气流、水流中，流速越快的地方，流体产生的压强就越小。

比如当对着两张纸中间吹气的时候，纸中间的气流的流速加快，两侧的气流速度较慢，根据定理我们可以判断出两张纸中间的空气对纸压力变小，与两侧的空气对纸的压力产生压力差，因此两侧的空气压力就会把纸"压"在一起。

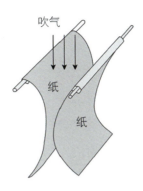

吹气

纸

纸

　　根据上面所说的原理我们可以知道，飞机机翼上下表面不对称——机翼上方空气流速比下方大，机翼上方压力小于下方，空气压力托起飞机两个机翼使它飞上天空。

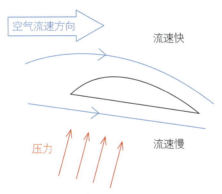

空气流速方向　　　流速快

压力　　　流速慢

　　在日常生活中，也有很多可以用伯努利定理来解释的现象。比如火车高速行驶时会带走车厢表面的空气，导致靠近车厢位置的空气流速较大，远离车厢空气流速较小，因此火车站台会设置安全线，就是为了防止人被气流"推"到轨道里去。

被吸引过去

在体育运动中，有一种叫做弧线射门的技术动作也可以用伯努利定理来分析。球员以一定角度将足球踢出去后，足球表面旋转带走贴近球体位置的空气，导致足球表面一侧空气流速快，另一侧空气流速慢，两侧产生压力差，所以足球会以弧线的轨迹射门。

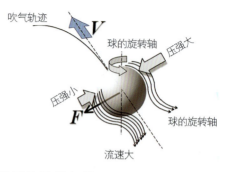

下面我们就用简单的材料制作两个飞盘来学习伯努利定理。

 做一做

制作飞盘材料	
蛋糕纸盘（含备用）	2~4 个
透明胶	1 瓶
剪刀	1 把

飞盘一

操作步骤

1. 将两个蛋糕纸盘中间底部裁出两个大小相等的洞。

2. 将两个盘子扣在一起用透明胶黏住。

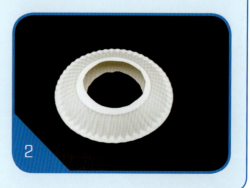

飞盘二 🍁

1. 在 A4 纸上画出一个与纸盘口 大小相等的圆。

2. 裁下后贴在纸盘口。

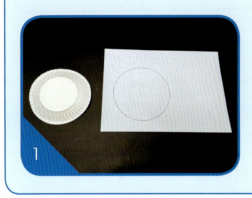

同学们可以选择制作其中一种，然后来比一比，看看哪一种飞得好，飞得远，并寻找原因。

无人机的管家
——电调

在无人机的结构系统中，有这样一个元件。无人机的外观上看不到它，但无人机想要起飞必须有它；电机想转起来不一定靠它，但电机连接电池却一定要有它保驾护航。这个神奇的小元件就是电子调速器，简称电调。

电调是连接电源和电机的一个重要电子元件。它的主要作用是调节电机转速，也能起到保护电机的作用。在生活中，控制电风扇的开关也算是一个电调，通过改变电风扇的转速来调节风速大小。

电调对于无人机的结构系统而言，相当于一个调节器。电调间接通过接收控制信号来控制电机的转速。下面我们来做一个小实验，通过这个实验来模拟电调对电机的控制作用。

实验　电位器控制小灯泡

目的：模拟电调接收遥控器的信号，对电机转速进行控制。

电位器控制小灯泡材料	
电位器	1 个
小灯泡	1 个
导线	若干
电池盒	1 个
电池	2 个

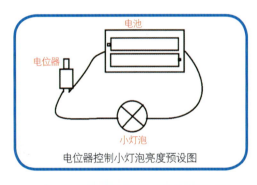

电位器控制小灯泡亮度预设图

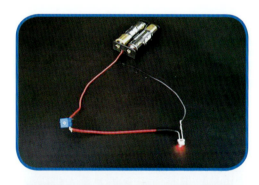

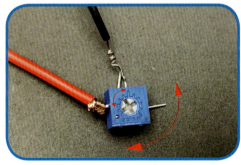

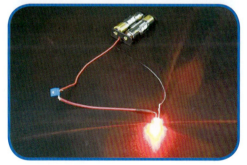

通过观察实验现象我们可以发现，小灯泡的亮度会随着电位器挡位的改变而发生变化。

延伸： 将实验中的小灯泡换成带螺旋桨的电机，看看实验结果会不会发生改变呢？

想一想

生活中还有哪些元器件的作用跟电调是类似的？请举例说明。

6

无人机的能量来源
——电池

电池是为飞行器提供能量的部件。

最早的电池是伏打电池。通过一些导电的材料作为媒介，将两个活跃程度不同的金属连接起来，构成一个闭合的线路之后就可以产生电了。

常用的航空模型的电池大多是单片电压为 3.7 V 的锂电池。但是由于有些大无人机需要的电压很高，单片电池提供的能量不够，所以我们通常将许多单片电池组合在一起使用。常见的有 3S 电池（三个电池串一起）、4S 电池（四个电池串一起）的电池组。

我们发电了

3S 电池

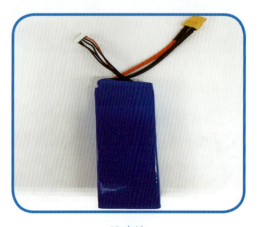

4S 电池

电池的原理非常简单，我们自己也可以制作电池。只要有铜片和锌片，用可乐、水果就可以做一个简单电池！

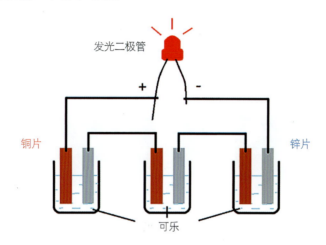

下面我们就根据实验演示图的连接顺序，用常见的饮料可乐来做一个电池组。

制作可乐电池材料	
一次性纸杯	3 个
导线	若干
可乐	1 瓶
小灯泡	1 个
锌片	3 片
铜片	3 片

操作步骤

1.用胶带将剥开绝缘漆的导线一端固定在铜片上，保证导线与铜片接触良好，作为正电极。

2. 用同样的方法做好锌片负电极。

3. 将铜片和锌片一起放入杯子，浸入在可乐中。

4. 到这里基本的电池就做好了，为了使灯泡亮度明显，可以多做几组电池。

5. 注意每一个杯子中至少有一个铜片电极和一个锌片电极。

6. 铜片的导线接小灯泡长引脚，锌片的导线接小灯泡短引脚。

一定需要了解的事情

你们知道吗？我们现在使用的手机电池、航模电池，他们大多是锂电池，锂电池与可乐电池不同是，它拥有非常高的能量密度，如果不注意使用，容易发生燃烧、爆炸等危险。

我们要怎么样才能避免锂电池可能造成的危险呢？

安全使用锂电池的小提示

（1）电池充满电以后要及时拔下，切勿将锂电池正负极直接连接在一起。

（2）不能用尖锐的物品戳锂电池。

（3）不能碰撞、击打锂电池。

（4）"膨胀"起来的锂电池，不要继续使用。

（5）避免将锂电池置于高温高热的地方。

上面学完了电池的小知识，那么你知道最早的电池是怎么问世的吗？

化学电池的由来——伏打电堆

　　说到伏打电堆的由来，其中还有一段有趣的故事。这要从电流的发现者伽伐尼说起。伽伐尼是伏打的好朋友，他是一名解剖学家和生物学家，他的妻子因身体原因需要经常吃蛙腿。在 1780 年的一天，伽伐尼把青蛙剥皮后，放在靠近起电机旁的桌子上。当他妻子偶然拿起电机旁的外科手术刀时，刀尖触碰到了蛙腿外露的小腿神经，随即蛙腿抽动起来，就像活的一样。后来她把这件事告诉了伽伐尼，伽伐尼即刻重复了这个实验，他把蛙腿放在玻璃板上，用两把材质不同的叉子，一个叉尖是铜的，另一个叉尖是铁的，去触碰蛙腿的神经和肌肉，每触碰一下，蛙腿就收缩一次。

为了探究这个现象的原因，伽伐尼对比了各种不同的环境条件重复这个实验。伽伐尼首先在雨天和晴天做实验用铜丝把青蛙与铁窗相连，发现青蛙的腿都会发生痉挛。接着他只用铜丝去接触蛙腿，蛙腿却不发生痉挛。后来，他找了一间封闭的房间将青蛙放在铁板上，用铜丝去触碰它，结果和以前一样，又发生了收缩，这就排除了环境中的外来电导致现象发生的可能性。伽伐尼选择不同的日子，不同的时间，用各种不同材质的金属多次进行实验，总是得到相同的结果，只是在使用某些金属时，收缩更强烈而已。

后来他又用各种不同的物体来做这个实验，但用诸如玻璃、橡胶、松香、石头和干木头代替金属，都不会出现痉挛现象。

经过反复实验，伽伐尼认为痉挛起因于动物体上本来就存在的电，他还把这种电叫做"动物电"。

伽伐尼的实验使许多科学家感到惊奇。伏打在1792—1796年重复伽伐尼的实验时发现，只要有两种不同金属互相接触，中间隔一张湿的硬纸、皮革或其他海绵状的东西，不管有没有蛙腿，都有电流产生，从而否定了动物电的观点。因此伏打终

Fig. 405.

于认识到蛙腿收缩只是放电过程的一种表现，两种不同金属的接触才是发生电流现象的真正原因。

根据各种金属接触的实验结果，伏打列出了锌—铅—锡—铁—铜—银—金的次序，这就是著名的伏打序列。其中两种金属相接触时，位于序列前面的金属作为电池的负极，位于序列后面的金属作为电池的正极。

1800 年伏打用锌片与铜片夹以盐水浸湿的纸片叠成堆而产生了电流，这个装置后来称为伏打电堆，他还把锌片和铜片放在盛有盐水或稀酸液体的杯中，并将许多这样的小杯子串联起来形成了电池组。他指出这种电池"取之不尽，用之不竭"，不必预先充电也能给出电击。

伏打电堆（电池）的发明，为科学提供了产生恒定电流的电源——化学电源，使人们可以从各个方面研究电流的种种效应。从此，电学进入了一个飞速发展的时期——电流和电磁效应的新时期。

直到现在，我们用的普通干电池就是经过改进后的伏打电池。干电池中用糊状物代替了盐水，用石墨棒代替了铜板作为电池的正极，而外壳仍然用锌皮作为电池的负极。

人们为了纪念他们的功绩，就把这种电池称为伽伐尼电池或伏打电池，并把电压的单位用"伏特"来命名。

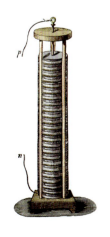

无人机的大脑
——飞控

　　你们知道吗？无人机能够平稳地飞上天和平稳悬停都是因为一个部件的功劳，这就是——飞控。

　　飞控相当于飞行器的大脑，主要的作用是飞行器保持稳定，它还可以实现飞行器的自主或半自主飞行。

做一做

　　如果无人机没有飞控的辅助控制，还会平稳飞起来吗？会不会对无人机安全飞行有影响？

　　下面，我们自己来做一个无飞控的小飞机。

自制无飞控小飞机材料	
X 形小机架	1 个
有刷小电机	4 个
导线	若干
棉线	若干
航模电池	1 个

1.将四个小电机插在机架上固定好。

2.在四个电机上分别装上桨叶测试。

3.短暂地给电机通电，观察桨叶的旋转方向。

4.如果桨叶旋转方向不对，则调换电机的正负导线；标记连接电源正极的电机导线。

5.调整四个电机的螺旋桨旋转方向；要求对角上的两个电机转向相同，相邻的两个电机转向不同。

6.将上一步标记好的电机导线连在一起；再将没标记的电机导线连在一起；连接延长线。（可以通过胶带粘在一起，可以通过剥开绝缘皮将铜丝拧在一起）

7.取适当长的棉线，拴在机架中心板四角，固定在桌面上（注意长度要适当）。

8.通电起飞。

通过观察拉着小飞机的棉线，我们可以发现棉线出现了剧烈的抖动，这是因为小飞机没有飞控，被各种因素干扰，导致飞行无法保持平稳。

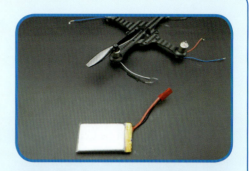

飞控上的传感器

前面我们了解了无人机上的飞控对飞行稳定性的影响，接下来我们来认识一下飞控部件大家庭中的成员。

我们身体上的各个部位像耳鼻口舌和四肢等部位，可以感知听觉、视觉、嗅觉、味觉、触觉等外部信息，飞控上的传感器也和我们的感知系统一样能够感知外部环境的变化并给飞控提供准确信息。

下面我们来了解一下陀螺仪、磁力计、气压计、加速度计，这些飞控大家庭里的成员它们的具体作用吧。

1. 能得知角度运动的传感器——陀螺仪

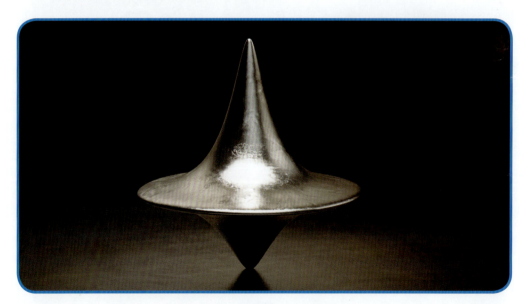

陀螺

小朋友们一定见过陀螺，陀螺在高速转动时就像站在地上的身体。如果我们把陀螺两端固定在一个框体上，运动时，它会发生什么变化呢？

其实现实生活中有这样一种机械结构，把陀螺放在两个交叉的铁环中，而且所有的连接点都可以转动，并且互不干扰。这种结构就叫陀螺仪。

陀螺仪是由旋转轮、旋转轴、各部分框架组成，是一种可以用来反应姿态变化方向与维持方向的装置。根据其具有维持方向和角度的特性，陀螺仪常被用在船舶、飞行器、测量仪器等地方。

早期的陀螺仪被用在了航海技术上，作为导航仪使用。用来确定不偏离预定航向。这是因为陀螺仪具有的一个特性——定轴性（稳定性）。

在没有任何外力干扰陀螺仪的情况下，高速旋转的陀螺仪由于惯性，会保持原有的轴指的方向，同时会反抗任何改变陀螺仪轴向的力量。这种物理现象称为陀螺仪的定轴性（稳定性）。

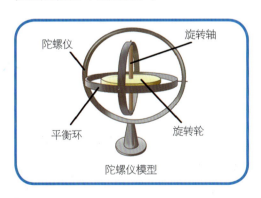

陀螺仪　旋转轴
平衡环　旋转轮
陀螺仪模型

传统机械陀螺结构的体积很大，而且很笨重，在科学技术的不断发展过程中，陀螺仪摇身一变，已经缩小成了电子元件，能够藏在了无人机上的飞控中了。

安装在无人机飞控中的陀螺仪能用于惯性制导。惯性制导是在设定好的运动初始条件下，利用惯性测量元件（陀螺仪、加速度计）测得数据，再经过一个小型计算机通过解算得到自身速度、位置、姿态、航向的一种导航方法。

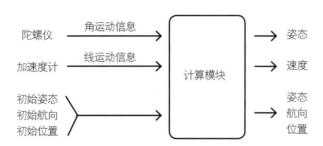

在生活中，许多现象也可以用定轴性来解释。

比如自行车在车轮静止的情况下会容易倾倒，而在快速转动下，能够保持稳定。

玩具陀螺在静止时会倾倒，但在高速转动下，却可以"站"在地上，这都是因为其具有定轴性（稳定性）。

2. 方向传感器——磁力计

在飞控中，磁力计是利用指南针的原理来告知无人机当前的朝向。然而你们知道指南针的原理吗？

指南针是在磁场中工作的，我们生活的地球周围就存在着地磁场。指南针在地磁场中会受到磁力的作用。所以，指南针会遵循着一定的物理规律，一端

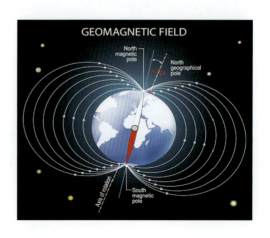

指向地球南方，另一端指向地球北方。

指南针的工作原理我们已经知道了，根据这些规律我们自己也可以做一个指南针。

下面我们来做一个指南针小实验。通过这个简单的小实验，我们可以了解到指南针的小知识。

浮水磁针实验

浮水磁针实验材料	
瓶盖	1个
细长直铁针	1枚
托盘	1个
磁铁	1个
水	1托盘

步骤与现象：在没有大功率电器、没有磁铁的环境下，用磁铁摩擦铁针数次后放在瓶盖上，再将瓶盖放入盛水的托盘中，轻轻转动瓶盖，给它一个启动的力量，最终它会指向南北方。

总结：被磁化的铁针，在地磁场的作用下最终会指向地球的南北方。

3. 气压传感器——气压计

小朋友们有没有把气球吹爆炸的体验？你知道为什么不断向气球中吹气，它会爆炸吗？

这是因为气球是具有弹性的，充气时气球会压缩内部的空气，导致内部气压大于外界气压。当吹气过量超过气球的弹性限度时，气压就会使内部空气一下子涌出来，发生气球爆炸现象。

那么地球表面上的大气压是恒定的吗？

我们先来了解一个小知识。

小朋友们，你们知道高原反应吗？高原反应会出现头晕、恶心、胸闷等。

这是因为高原地区的地势较高，空气较为稀薄，气压比平原地区低很多，因此我们的大脑会因供氧不足从而产生各种不适感。

高海拔地区

通过这个小知识我们可以发现，高原地区是因为地势较高，才导致气压偏低。所以说地球表面上的大气压不是恒定的，大气压的大小跟高度有关，高度越高，气压越低。

如果在无人机上安装一种能测试出周围环境的气压值的装置，那么是不是就可以通过气压值得知无人机的高度了呢？

经过大量的探索和研究，科学家们制作出来了气压传感器。用气压传感器给飞控提供大气压力信息，经过计算模块的解算，我们就可以得知无人机的高度了。

在生活中，有很多和气压有关的应用实例，如肺活量测量。

小朋友们，你们有没有测试过自己的肺活量？肺活量测试仪就是根据气压的知识制作出来的。下面我们就来制作一个简单的肺活量测量仪。

自制气压计测量肺活量

自制气压计测量肺活量实验材料	
透明的空饮料瓶	1 个
长吸管	1 根
短吸管	1 根
热熔胶	若干
胶带	1 个
剪刀	1 把
颜料 / 色素	1 支

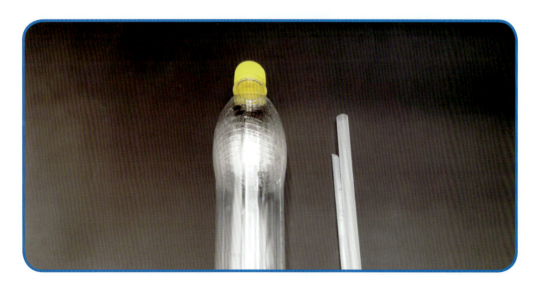

1. 按照两根吸管的粗细，在瓶盖上开出相应大小的洞。

2. 将两根吸管插在瓶盖上，再用热熔胶将瓶盖内外孔的边缘进行密封。

注意：

（1）其中长吸管一端要伸到瓶底，另一端要在瓶盖上留出足够长的距离（一根吸管不够长则可以用胶带将两根吸管连接起来）。

（2）短吸管的一端要留在内部的瓶口处；另一端在瓶盖外留出适当长度。

（3）在瓶子内装入适量的有色液体，保证长吸管口在液面下，短吸管口在液面上。

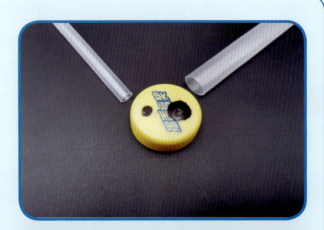

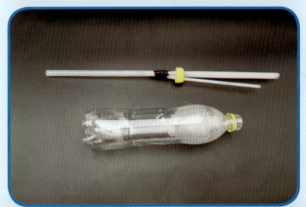

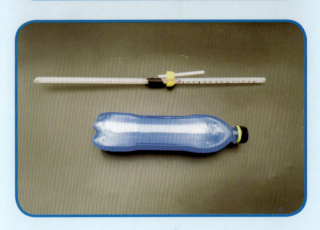

（4）把盖子和瓶子相连。注意，盖子不要拧得太紧。

（5）对着短吸管吹气（若长度不够可以通过导管进行吹气）。吹气时，液面受到空气给它的压力，压着吸管中的液体上升。

这就是一个简单的气压计。小朋友们可以通过这个实验，自己标记长吸管的刻度。

一个肺活量测试仪就做好啦，跟朋友们比一比看谁气量大！

随着科学技术的进步，目前无人机上的气压计已经变成体积很小、灵敏度很高的电子元件集成在飞控中了。

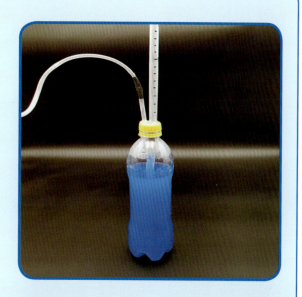

8

模拟飞行

1. 模拟器介绍

模拟器可以让我们在最小的经费支出情况下，快速提高对空中机器人的操作技能，同时也会带来极其丰富的知识和经验的积累。模拟器里面的飞行都是同比例控制的，也就是说，在模拟器中的操作方法和真实飞行中的操作方法基本一致。模拟器的操作都是为了实际操作提供前期训练的。我们常知道的模拟器分为以下几种：PhoenixRC 凤凰模拟器、RealFlight 真实飞行模拟器、LiftOFF、Reflex、AeroFly 和 FMS。

PhoenixRC 凤凰模拟器

我们接下来以目前比较受欢迎的 RealFlight 真实飞行模拟器，配合遥控器与解码连接器为例，给大家讲解模拟器的调试与基本的练习方法。

首先需要在电脑上安装好 RealFlight 真实飞行模拟器，模拟器安装好以后，桌

RealFlight 真实飞行模拟器

面上就会出现对应的图标，双击它就可以运行模拟器了。

在开始模拟飞行之前，我们需要准备好遥控器以及解码连接器。先将解码连接器的信号线与遥控器连接起来。然后再将解码连接器插接到电脑上。这样，遥控器的连接就完成了。

解码器

连接遥控器和解码器

2. 模拟器使用

接着，我们打开模拟飞行软件（在安装飞行模拟软件过程中，我们已将软件的语言设置成为了中文，所以，在使用过程中，可以不用担心语言问题）。

打开飞行软件之后，我们首先选择模拟设置菜单下的选项——"选择控制器"。

然后会跳出"选择控制器"提示框，点击"OK"按钮，选择好控制器。

选择好控制器以后，接下来就可以开始选择练习所使用的无人机了。

首先点击"飞机"，然后在弹出的菜单中点击"选择飞机"，如图所示。

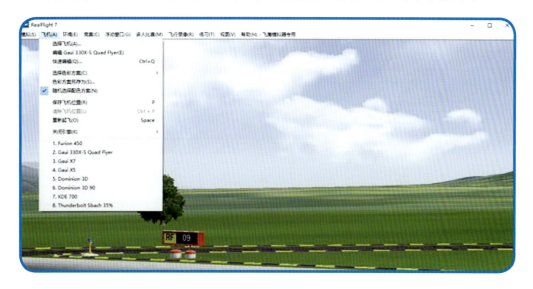

多旋翼的飞行练习，我们建议选择 Gaui 330X-S Quad Flyer 飞行，选择好以后，点击右下角"OK"按钮确定，就可以开始飞行训练了。如图所示。

3. 模拟器操控飞行

在之前的学习中大家已经知道了如何操作空中机器人。在这里，我们再给大家详细讲解一下空中机器人的飞行动作。

要想控制好空中机器人，我们就需要先知道最重要的一个基本飞行动作：悬停。

悬停是指空中机器人在一定高度上保持空间位置基本不变的飞行状态，是空中机器人最主要的飞行特色，也是空中机器人最基本的科目，因为不管是从事巡航飞行、搬运还是其他任务，绝大部分飞行都是"起于悬停、止于悬停"，所以悬停，是每个空中机器人操控员必须掌握的基本练习动作。

首先我们来练习对尾悬停，对尾悬停指的是在训练过程中，无人机的机头朝向与操控者正面朝向相同的悬停。对尾悬停训练所对应的操控是：

当控制俯仰/前后运动摇杆向前时，无人机对应的飞行动作就是向前飞行；

当控制俯仰/前后运动摇杆向后时，无人机对应的飞行动作就是向后飞行；

推杆

拉杆

当控制横滚/侧向运动摇杆向左时，无人机对应的飞行动作就是向左飞行；当控制横滚/侧向运动摇杆向右时，无人机对应的飞行动作就是向右飞行。了解了模拟器的操作以后，接下来，同学们就开始模拟器的练习吧！

左副翼

右副翼

安全知识

前面学习了无人机的相关结构知识，下面我们来学习一下跟飞行有关的安全知识。

无人机电机转速很高，如发生操作失误，极易对人和周边事物造成伤害，所以小朋友们在飞行前请切记与无人机保持一定距离，飞行中不要嬉戏打闹，小飞手要时刻注意飞机的姿态。

起飞之前的安全检查是保证人身安全和飞行器安全的重要过程，具体检查条例如下。

（1）起飞前，仔细观察环境是否具备安全起飞条件；附近是否有障碍物干扰飞行。

（2）起飞前，观察天气情况是否具备安全起飞条件，雨天、雾霾、3级风、冰雹、雷电、雨雪等天气不可以起飞。

（3）起飞前，观察周围是否具有强磁、高压电线、大型电力设备、通信基站、高大建筑群等，以免对信号造成干扰。

（4）起飞前，注意周围环境是否具有较大的灰尘，灰尘会卡住电机。

（5）起飞前，整体检查无人机的设备是否正常。

（6）起飞前，检查遥控器信号是否正常。

（7）起飞前，检查无人机灯光是否正常。

（8）起飞前，检查电池电量。1S锂电池4.2 V为正常使用满电压。

（9）起飞前，检查遥控器电量是否充足。

安全飞行永第一

模拟飞行很重要

正确解锁，按时上锁保安全

起飞就是打仗，升空就是作战

时刻保持专注

经常练习，保持手感，积累经验

（10）起飞前，对飞行器外观进行检查。各设备模块、零部件外观、数据线的连接、螺旋桨正反桨叶是否安装正确。

（11）起飞前，检查遥控器与地面站。遥控器各开关位置是否正确，遥杆位置是否正确，地面站电量是否充足，软件是否完备，地面设备连接是否可靠。

（12）起飞前，对遥控器开机检查。检查所选飞机模型是否正确，飞行模式是否正确，操控方式是否正确。

飞行中的一些基本操作也要遵循以下安全条例的规定。

（1）起飞前正确通电的顺序应是：遥控器—无人机。

（2）降落后正确断电的顺序应是：无人机—遥控器。

（3）在没有培训老师的指导带飞情况下，不允许学生私自操纵飞行无人机。

（4）自螺旋桨旋转开始，操纵者要时刻盯紧无人机的位置、方向和姿态。

（5）飞行中操纵遥控器，打舵量不宜过大。

（6）飞行中操纵遥控器，不可以逞能打舵。

（7）飞行中不要过分自大，不按照飞行要求自己乱飞。

设备状态不好不飞！
气象条件不好不飞！
飞手状态不好不飞！
场地环境条件不好不飞！

（8）无人机飞行时，灯光闪红表示电池电量不足，要及时降落准备更换电池。

（9）灯光提示电量不足要及时降落取出电池，不能存侥幸心理。

（10）无人机准备降落时，不可以直接快速地减少电机转速，要缓慢地降落。

（11）降落时，在距离地面6~10 cm处，稍微增加一点电机转速，让无人机在近地处悬停几秒，这样可以缓冲无人机接地时的冲击。

（12）在起飞后，其他学生不得干扰操纵者。

飞行完毕后，以及在日常的维护和保养中，要遵守以下安全条例的规定。

（1）检修时要轻拿轻放无人机零部件，安装螺丝时要缓慢轻拧，不可急躁。

（2）用完记得收好无人机、电池、遥控器，放回原处。

（3）给电池充电时间不要太长，不能过充。

（4）储存无人机时，不要放在潮湿或过热的环境。

（5）储存电池时，要放在阴凉通风环境下。

（6）要在有人看管的情况下给电池充电。

（7）给电池充电时若要离开且无人看管时，要给充电器断开电源防止过充。

10

练习组装

同学们学习了这么多关于无人机的知识，是不是已经具备制作一台真正的能飞起来的无人机的能力了呢？相信很多同学都已经跃跃欲试了！今天，我们就来学习一下，动手组装一台可以飞行的无人机！

无人机的零件部分是连接在木板上面的，请注意拆卸零件时的用力技巧，不要损坏零件。

零件清单	
1 号零件	机臂
2 号零件	机臂固定插头
3 号零件	电机座
4 号零件	桨叶保护架
5 号零件	桨叶保护支架
6 号零件	中心板固定插头
7 号零件	上中心板
8 号零件	底部中心板
9 号零件	备用桨叶保护架支架

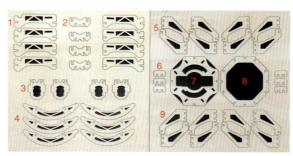

　　对于大部分的桨叶来说，一般在叶片上都会有"CW"或"CCW"这样的标识。"CW"表示俯视为顺时针反桨，"CCW"表示俯视为逆时针正桨。

　　我们的材料包中提供的电机是小型有刷电机，在杯体侧面标有"A""B"字样。"A"表示逆时针旋转，"B"表示顺时针旋转。

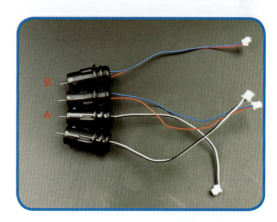

我们的材料包中提供的飞控板如图所示。

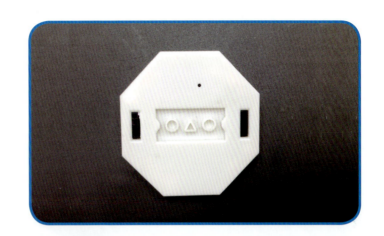

在飞控板背面中，各零件组成功能如下：

1号指的是旋动卡，用来将飞控板固定在中心板上；

2号指的是电源接口，用来连接电池；

3号指的是摄像头插口，用来连接摄像头。

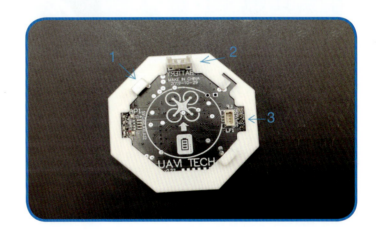

飞控安装在机架上后，可以选择在背面中心的位置贴粘魔术贴纸，用来固定电池。

我们的材料包提供的电池是一片锂电池。充满电后电压为4.2 V。在电池上也可以选择使用魔术贴纸，将电池固定在机架上。

1. 取两个机臂（1号），用一个插头（2号）固定，再插接一个电机座（3号）组成一个机臂，如图所示。按照同样的方法组装好其他三个机臂。

2. 取用两个桨叶保护架支架（5号）固定在刚刚做好的机臂上，将缺口对准机臂上的2号、3号接口后，装上桨叶保护架（4号）。按照同样的方法，将四个桨叶保护架都安装完毕。

3. 将四个机臂固定在底部中心架（8号）上，注意插接要牢固，防止在无人机起飞后机架解体。

4. 底部中心板安装完成后，将上中心板安插在机臂上的8个凸起接口处，然后在上下中心板的四周安装固定零件（6号），同样注意要插接牢固。

下一步开始安装飞控板。飞控板底部有凸起的旋动卡，对准上中心板的旋孔，旋转至刚好卡住就可以了。

5. 接下来安装电机。将电机对准电机座上的孔，旋转至刚好卡住电机即可。注意！相邻机臂上的机座位置应该安装导线颜色不同的两个电机。如图所示。

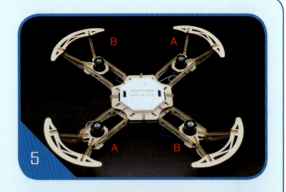

6. 最后安装桨叶。注意侧面标有 B 字样的电机安装顺时针旋转的桨叶，侧面标有 A 字样的电机安装逆时针旋转的桨叶。

遥控器

无人机已经拼装好了，接下来应该拼装遥控器了。

1. 遥控器介绍

遥控器是我们与无人机之间的传令官，通过遥控器我们可以直接控制无人机的飞行状态以及无人机飞行的动作。

2. 遥控器的打杆手法

在无人机的操作手法上，一般分美国手和日本手，本书提到的操作方法都是美国手。

美国手，也就是说左手摇杆负责油门和偏航，右手摇杆负责俯仰和横滚。左手摇杆上下为油门控制，左右是偏航控制；右手摇杆上下为俯仰控制，左右为横滚控制。

3. 遥杆动作

右手左右——副翼——倾斜向左、倾斜向右；

右手上下——升降——抬头向后、低头向前；

左手上下——油门——上升、下降；

左手左右——方向——左转圈、右转圈。

4. 遥控器的组装

遥控器的操作我们已经学习完毕，下面我们来自己组装一个遥控器。

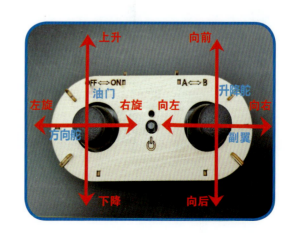

遥控器组装材料包	
遥控器电路板	1 个
遥控器电池	1 个
遥控器下盖板	1 个
1 号零件	4 个
2 号零件	2 个
3 号零件	4 个
4 号零件	1 个
5 号零件	1 个

按照下面图纸所示顺序，逐步进行组装。

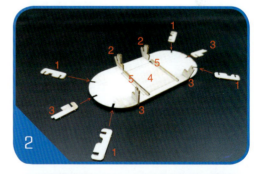

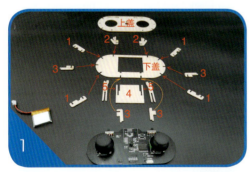

下　编

　　同学们，你们是否见到过这样的画面：在辽阔的大洋上，一架架舰载机精准地降落在航空母舰的跑道上，好似穿针引线。我们的无人机也可以操控得这样精准吗？相信有些同学会回答："太难了，我的无人机一点也不听话！"不用担心，通过接下来的学习，同学们都能达到较高的无人机操控水平！

　　在正式操控真机之前，我们先通过模拟器训练来增加对飞机的熟练度，下面就来了解关于模拟器的一些知识吧！

12

认识及体验飞行模拟器

为什么在真机飞行前要练习飞行模拟器呢?

航模刚出现的时候,是没有飞行模拟器的。那时候大家必须小心翼翼地飞行,如果不小心操作失误,后果可想而知。

飞机摔坏了不仅要花时间检查飞机的损坏情况,花钱购买零配件,花时间进行维修替换,修好以后还需要进行检查调试,这样的训练效率太低了。

而在飞行模拟器中,你不需要考虑这么多问题,飞机不管摔得多惨都能马上重新起飞,你还可以尝试飞行造型、结构、性能各不相同的机型,甚至足不出户,就体验到各种不同类型、风景各异的赛道……有了飞行模拟器的帮助,我们可以极大地降低训练成本,提高训练效率。

我们的最终目的是能够操纵飞机驰骋赛场,但在挑战更高难度的赛道前,先让我们熟悉一下基本飞行。

　　我们的目的很简单，把飞机飞起来，并尽量保证飞机不会坠毁。即便是这么简单的目标，也需要花不少时间进行训练，才能达到。

　　那么，先让我们来看看遥控器的摇杆往不同的方向转动，飞机的姿态会如何变化吧。

　　通常情况下，我们把左手的摇杆左右摆动时，飞机会跟随摇杆左右转动。

当我们把右手摇杆左右摆动时，飞机会跟随摇杆左右倾转。

当我们把右手摇杆上下摆动时，飞机会跟随摇杆前后倾转。

当我们把左手摇杆上下摆动时，飞机的推力会变大变小，根据机身的姿态，它所产生的作用是提高降低飞机的高度或使飞机的速度增大变小。

了解摇杆的作用后，大家可以在第三人称视角的自稳模式下先观察下转动摇杆，飞机的姿态会有怎样的变化。

在 liftoff 中，切换机外视角的快捷键为"V"键；

第一人称视角

第三人称视角

切换自稳模式的快捷键为"A"键，自稳模式的缩写是"Hron"。

小知识：

多旋翼飞机的优点是机械结构非常简单，除了电机，几乎没有需要运动的部件。但多旋翼需要平衡 4 个电机的转速，才能保持飞机的平稳。

练习目标

（1）练习基本悬停，飞机能基本保持在同一个位置，高度也不会有太大的变化；

（2）练习巡线飞行，比如在麦田赛道沿篱笆飞行，并观察飞机在转弯时的姿态是怎样的。

想一想

（1）当希望飞机往左侧飞行的时候，要如何操作？

（2）当飞机机头转向左侧时，为什么飞机还是会继续往前飞行一段距离，而不是马上就能向左飞行？

（3）如果要防止飞机转向后往一侧滑行，我们要如何打遥控杆？

13

模拟器的安装
及基础设置

飞行模拟器有很多种，常见的飞行模拟器有 RealFlight、Phoenix、Liftoff、FPV FreeRider、DRL 等，在本书中，我们主要以 Liftoff 来开展训练。

在安装 Liftoff 之前，你首先需要具备：

（1）遥控器。遥控器是你用来控制飞机的最重要的装备，好的遥控器可以陪伴你 3~5 年，你可以挑选一个自己比较喜欢的，比如：futaba 18SZ、Frsky x9d、radiolink A8S。

futaba 18SZ   Frsky x9d   radiolink A8S

（2）加密狗。加密狗负责把遥控器的信号输入到电脑里去。有线加密狗在信号传输方面比较稳定，价格低廉，而无线加密狗（也叫无线模拟器）的优势则是使用起来比较方便，但价格较高。

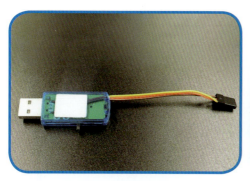

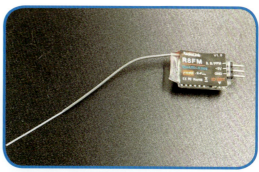

加密狗 信号接收器

Liftoff 可以在 STEAM 平台上购买，然后进行联机安装。

Liftoff 安装好以后，我们首先要进行校准，也就是先确保电脑能接收到正确的遥控器信号。步骤如下：

1. 在选项菜单里选"控制"。

2. 点击校准按钮。

3. 按照画面提示最大范围转动摇杆。

4. 按照提示标定摇杆 4 个通道的正确方向。

（1）油门通道。

（2）俯仰轴通道。

（3）横滚轴通道。

（4）航向轴通道。

（5）如果飞机抖动明显，还需要设置摇杆"死区"。

（6）如果飞机姿态明显往一侧偏转，且在校准时杆位不在中立点附近，那么你就需要检查一下遥控器的微调（trim）或者中立点设置是不是有问题。通常由于微调按键很容易被误触，杆位不在中立点附近一般是微调问题。

下图的横滚方向被设置了向左 28 的微调值，导致杆位不在中立点附近，机身明显左倾，校准无法继续，这时候把横滚微调按钮向右拨动几次，使微调值变为 0 即可解决。

一切准备妥当，我们就可以开始进行飞行了。

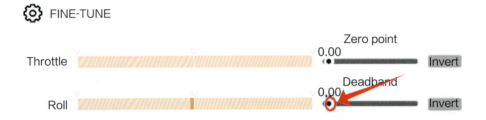

Liftoff 提供了 3 种训练模式：自由飞行、花式飞行和赛道飞行。我们一开始可以使用自由飞行模式，选定一个轨迹先熟悉下基本飞行。在基本能控制飞机保持平稳，预想飞行航迹与实际飞行航迹基本一致，且能保证贴地飞行时能稳稳控制高度时，再尝试挑战赛道飞行。

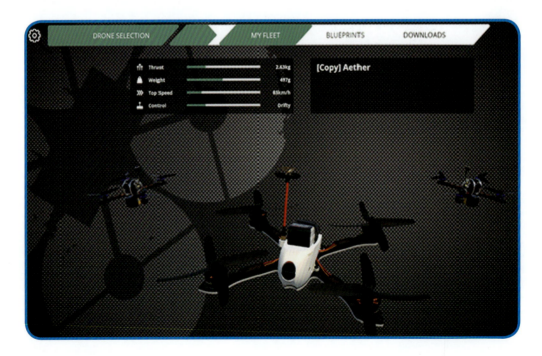

Liftoff 还提供了自行搭配定制飞行器的功能，使自己设计的飞机能满足基本训练、灵巧飞行或高速飞行的性能需求。这个设计模拟器功能十分强大，其零件库中收纳了非常多真实存在的品牌及型号的零配件，能够较为真实地反映出采用各种搭配组装出来的飞机所能实现的真实飞行特性。在刚开始学习飞行的阶段，我们推荐使用这款机型。它的速度适中，不至于难以掌控，同时足够轻巧灵活，是入门训练的最佳选择。

　　而训练顺序，我们推荐先练习麦田赛道。

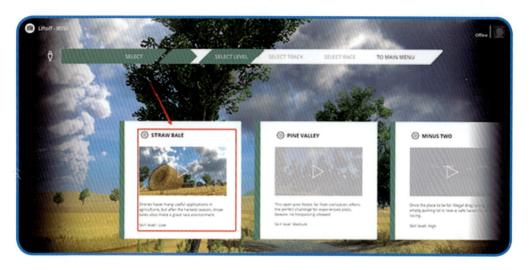

　　当三圈总成绩达到 1 min 20 s 以内，再挑战高尔夫赛道。

当高尔夫赛道能在 2 min 以内完成时，才推荐练习地下车库赛道。

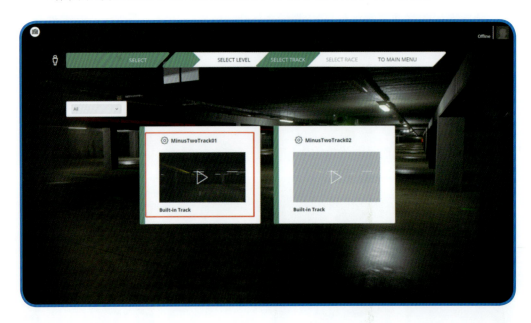

当这三条赛道都能熟练飞行，意味着你对于飞机的掌控已经达到真机飞行的基本要求了，我们建议此时开始尝试进行真机飞行。

基本飞行训练

模拟器飞行训练能帮助飞行员专注于飞行训练本身，而不用考虑充电、天气、维修、损失、安全等问题，甚至坠机了都不用去找飞机，这能帮助飞行员节省大量的时间，使飞行员能快速学习如何操作飞机飞起来，并适应接下来要进行的真机竞速飞行训练。

训练应当采取循序渐进的方式来推进，不应该在本阶段还未完成训练目标时就跳到下一个阶段，或者去练习非指定赛道及飞行模式！其实只要按照训练计划来稳步推进，同学们很快就能掌握真机飞行所需的基本技巧。

首先，我们要用方向键调整一下摄像头。方向键的上下是镜头的俯仰角度，同学们可以试着调整一下镜头俯仰角度，看看有什么不同。通常入门训练我们建议把摄像头角度设置为20°~30°，熟练以后可以设置为35°~50°；左右键为镜头视角角度，真实的竞速无人机镜头角度一般在100°~140°之间，我们推荐设置在120°左右，以便于将来进行真机飞行训练时能快速适应。

1."手动模式"和"自稳模式"

竞速无人机运动员们通常只使用纯手动模式进行飞行训练（使用键盘上的"A"键将屏幕左上角的飞行模式调整为"Acro"），并且一般比赛都只允许使用纯手动模式进行比赛。

因此我们最终的目的是学会在纯手动模式下进行竞速飞行。但纯手动模式难度较高，一开始使用纯手动模式别说进行赛道飞行训练，就连正常飞行都难以完成，因此我们一开始可以先尝试使用"自稳模式"寻找手感（使用键盘上的"A"键将屏幕左上角的飞行模式调整为"Hron"）。

自稳模式的特点是当你无法控制飞机平衡的时候，松开油门杆，飞机就会自动调整到水平状态，但"自稳模式"并不能自动控制飞机的高度，如果油门控制不好，飞机还是会容易坠落。但自稳模式终归是能够帮助你更容易地找到控制飞机的感觉，并使坠机不会那么快到来。下面的训练计划，如果觉得直接以手动模式进行飞行很困难的话，不妨切换到自稳模式先寻找手感。

2.训练步骤和要点

（1）起飞。首次飞模拟器，同学们经常还没离地就翻跟斗，并导致飞机损毁。这是因为推油门的时候不够果断，飞机没有离地，就开始控制机身进行了偏转，桨叶打到了地面，因此模拟器会判定飞机损坏甚至损毁。

注意：起飞时推油门一定要果断干脆，离开地面以后再微调油门杆来控制飞机高度，避免油门打太高，飞机直冲云霄；或者油门回得太低，导致飞机又摔到地上。

（2）平飞。穿越机的镜头与机身是有一定角度的。这是因为螺旋桨必须将空气向后下方吹，才能推动飞机往前方飞行。因此向前飞行则必须把俯仰杆向上推一点，使飞机向前倾斜。如何判断飞机是向前倾斜的呢？

下图左侧是我们起飞时的镜头画面，可以看到镜头是仰头向天的，天空占据了画面的绝大部分，而地面只能看到一点点了；而右侧是我们向前飞行时的画面，可以看出摄像头的角度变成了平视，天空和地面各占了一半。

当镜头水平时，机身是向前倾斜的，螺旋桨提供了向上的升力和向后的推力，飞机此时是向前飞行的。

（3）转弯。竞速无人机并不能靠旋转机头来转弯。同时，你会发现光靠航向轴来调整机头方向，机头会歪！这是为什么呢？飞机向前飞行的时候，机身会向前倾斜，以机身向前倾斜的姿态，沿机身自身左右旋转以后，机身自然也就歪到一边去了。

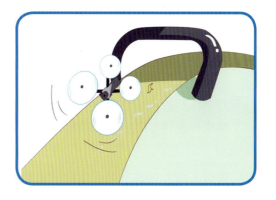

所以我们转弯的同时，不仅要通过航向轴调整机身朝向，还需要通过横滚轴来调整机身的水平。所以如果我们想往左侧转弯，打杆手法就应该是：方向杆、横滚杆同时向左打杆。如果要向右侧转弯则应该把方向杆、横滚杆同时向右打。

同时，由于穿越机飞行速度很快，如果只是简单地把机身转过去并调整机身水平，那么在惯性的作用下，飞机仍会沿之前的飞行方向飘移相当远的距离。

为了防止飘移，并让飞机快速转到新的航向上去，我们需要让螺旋桨产生的气流向飘移的方向偏移，通过气流的反作用力防止飞机继续飘移。所以当我们向左转弯时，通常会使机身向左倾斜，而不是保持机身水平。

而且因为机身倾斜以后，航向杆将不能使机头指向预定的目的地，所以我们还需要通过拉俯仰杆（俯仰杆往下打我们称之为"拉杆"）使机头指向预定目的地。

要点：左转弯时航向杆和横滚杆同时往左打，从画面上看，机身也应该是向左倾斜的。

所以（以左转弯为例）完整的转弯动作应当是：同时向左打航向杆和横滚杆，

并使机身向左侧倾斜，同时拉杆，使机头指向目的地，从而完成转向动作。

同时需要注意，如果是急转弯，则机身需要向左倾斜更大的角度，拉杆的幅度也需要更大。

最后，在完成转弯动作，并成功调整了机身航向到新的目的地以后，记得及时检查机身姿态，确保摄像头是水平指向前方的。即地平线与屏幕上下边框平行，且天空与地面各占一半。

（4）巡航。当直线飞行和转弯都能够熟练掌握后，就可以开始尝试巡航飞行了。我们建议先沿着麦田赛道的篱笆进行巡航飞行训练。最终目标是能够保持与篱笆相同的高度，并与篱笆保持基本一致的距离，沿着篱笆的外围熟练飞行。拐弯的时候要注意收一点油门杆，防止拐弯时飞机高度升高。

当熟练完成以上的训练任务后，才算做好了赛道飞行的基本准备。

15

赛道练习

即使掌握了基本飞行技巧，我们离真正的赛道飞行也还有很长的路要走。穿越机是技巧性非常高的体育竞技运动，哪怕是专业的穿越机运动员，在训练中，每天也会撞机很多次。而作为刚开始训练的飞手，我们需要通过在模拟器上反复地赛道飞行训练，熟悉赛道飞行技巧以后，才能有效率地进行真机赛道飞行训练。

1. 简单赛道训练

在 Liftoff 中，选择麦田场景的第一条赛道。这条赛道整体上比较平缓顺畅，没有急弯，主要用来锻炼学员的基本操控感觉。非常适合刚接触赛道飞行的新手。

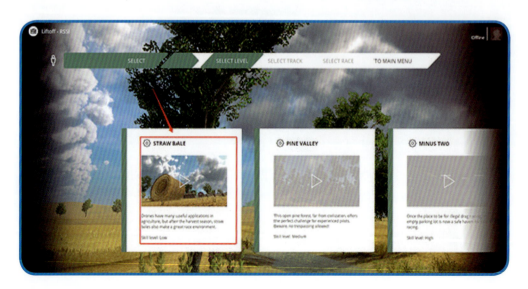

练习要点：

（1）熟悉竞速飞行转弯时应该如何调整机身姿态。什么样的弯道需要把机身侧倾到什么程度，拉杆杆量应该是多少。

（2）学会在高速飞行中控制飞机高度。竞速飞行时机身姿态变化较大，不能靠固定的油门位置来保持飞行高度，必须学会不停地上下微调油门杆来维持飞机比较稳定的飞行高度。

（3）学会控制速度，以最有把握的速度完成赛道飞行，尽量避免在到达终点前撞机，导致无法完成赛道飞行，无法获得有效成绩。

（4）摄像头角度影响飞机的最高飞行速度。摄像头角度越高越有利于高速飞行，但操控难度也越大，你需要根据自己现在的操控水平选择合适的摄像头角度，在能够完赛的前提下稳步提高赛道成绩，并挑战操作更强力的飞机，使用更高的摄像头角度，以更快的速度完成赛道飞行，不断提升飞行水平，提高赛道成绩。

2. 弯道飞行训练

在 Liftoff 中，选择高尔夫球场的第二条赛道。这条赛道较长，弯道比较丰富，但由于赛道门比较大，整体难度比

较适中，比较适合已经可以熟练完成农场场景三条赛道的学员进行提高训练。

练习要点：

（1）这条赛道，各赛道门之间距离较远，学员需要选择一台速度较快的飞机进行训练。同时还需要根据自己能够适应的速度范围，调整摄像头的角度。需要注意的是，摄像头的角度如果有较大变化，那么在转弯时，要对打杆幅度进行调整。学员们可以尝试一下 35° 摄像头仰角和 45° 仰角在过弯时，最合适的打杆幅度是怎样的。

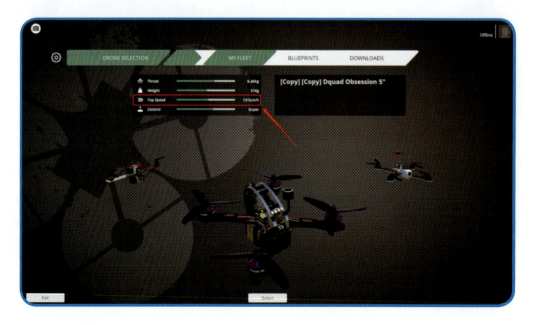

（2）由于各赛道门距离较远，飞机在飞行时有充分的加速时间，速度将会变得非常快，这也意味着飞机在飞抵赛道门时，需要以更大的倾角来实现高速转弯，而该赛道有大量的接近 180° 的急弯，飞手在高速通过赛道门时，将需要以接近 90° 的角度倾转，并且需要快速拉杆来实现更快地过弯。

（3）高速过弯后，必须尽可能快速、精准地指向下一个赛道门，既要避免转向过度，导致必须回调飞行轨迹，也要防止转向不足，飞机过弯后漂移太远。

3. 精准飞行训练

在 Liftoff 中，选择森林场景的第一条赛道。这条赛道对选手的精准飞行能力有较高的要求，如果飞机偏离赛道，将很容易撞上树木。这条赛道较适合有一定赛道飞行基础的学员提高精准操作训练。

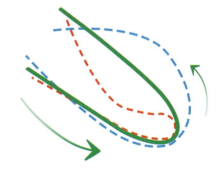

绿线为理想轨迹，红线为转向过度，蓝线为转向不足

练习要点：

（1）该赛道主要是锻炼飞手循迹飞行的能力，如何在高速飞行中，精准控制飞机，使飞机在过弯后，不会因为转向过度或转向不足而冲出赛道，撞上树干。

（2）这个赛道较为复杂，同时视野也不开阔，仅仅靠反应很难顺畅地完成赛道飞行。这就需要飞手学会记住赛道。不仅需要记住赛道的走向，同时也要记住当前弯道打杆的杆量，出弯后飞机以怎样的转弯速率，指向哪个方向，来保证飞机不会冲出赛道。

完成以上训练任务后，恭喜你，你已经具备了操作真机飞行的基本技能了。

飞行安全及规范

在进入实践飞行之前，我们需要简单了解一下飞行的安全守则，这是在飞行过程中必须遵守的原则，可以保证在飞行过程中最大程度避免出现安全事故。

安全守则：

（1）不能随意在公共场所进行飞行，如需在公共场所进行飞行，则需要对飞行区域内的人员进行清理，确保不会出现问题。

（2）观看飞行时应当站立在飞行操控者的后面至少 3 m 以外的区域内，尽量处在安全保护区内进行观看，并实时关注飞行器的姿态，如飞行姿态出现问题，则应马上寻找防护。

除了以上的安全飞行守则以外，在实践飞行之前还必须按照飞行规范进行检查。多旋翼无人机的飞行规范如下：

飞行前准备工作：

（1）检查飞机。包括机架、电机、飞控、电调、螺旋桨等外形检查，主要检

查是否有外形破损、设备是否有松动，如有明显的外部破损或松动，则需要注意检查是否有功能上的问题并重新对松动的部件进行固定。

（2）检查电池。给飞机上电之前，首先检查电池是否有破损，如有破损则该电池不可以再进行使用。如电池没有破损，则进行电池的电量检查。我们通常使用电池检测器对电池进行电量检查，如电池电量为 3.7 V 左右，则该电池处于缺电状态，需要对其进行充电；如电池显示电量为 4.2 V 左右，则该电池是处于满电状态，可以用于飞机飞行。

（3）检查飞机功能。将满电的电池固定到飞机上，先打开遥控器，再将电池给飞机供电，确认飞机与遥控器已正确连接。在确保周围无人并且保证安全的情况下，将飞机解锁不飞行，检查飞机解锁情况下的桨叶旋转情况，确认无误后方可开始飞行。

（4）检查 FPV 图像接收模块。在飞机通电不解锁的情况下，打开 FPV 图像接收模块，调整图像接收频段，确保图像接收模块的设定频段与飞机上图像发射模块的频段是相同的。并且能在接收模块中看到飞机上传输回来的稳定的图像。

（5）外场飞行环境观察。我们应当选择空旷的飞行场地。为了避免发生意外伤害事故，一定要找一处十分空旷，并且没有人群活动的场所。外场飞行我们首先应熟悉场地环境，尽量避开高压线和高大建筑，避开有强干扰的无线电电波，避开河流，避开军事重地和国家机要机关部门。进一步确认气象条件、

风速、风向。不要在能见度差的天气飞行，不要在雷雨天飞行，选择舒适的操纵地点，尽量不迎太阳光飞行。

（6）必须进行飞行前安全检查。起飞前工作：清理周围观众，协调无线电频率以防相互干扰。完成前两项工作后，进一步确认安全后，方可解锁做离地飞行。起飞后首先做迎风悬停，以适应风向和风力大小对飞行器的影响，高度控制在 2m。再做正常飞行练习。

（7）安全线。观众区域或操纵者身后为安全区，整个飞行过程中都不允许将无人机飞入安全区上空。也不得将模型交给不会操控模型的人操控。如是带新学员飞行，则教练应当时刻在学员右后侧以备随时进行救机操作。

（8）飞机着陆。先通过着陆区上空，然后回起飞区降至离地 2~5 m 上空悬停，同时警示其他飞行人员注意安全。

![知识拓展]

不管是飞机、遥控器，还是 FPV 眼镜，都需要充电。通常我们为了实现更快速的充电，可以使用锂电池为这些设备供电。需要注意的是，电池有很多不同的规格和性能指标，我们不能随意使用不合规范要求的电池。

下图是一块竞速无人机专用的高性能电池，它的性能参数应该这样解读：

1800 mAh 读作 1800 毫安时，它是电容量单位，1800 mAh 表示该电池可以 1.8 A

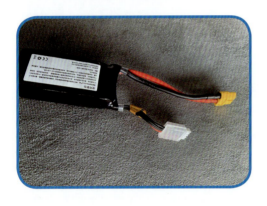

电流（1000 mA=1 A）放电 1 h，才会把电量用完。

120C 指电池的放电倍率。1C 表示电池可以 1.8 A 的电流输出电量，120C 则表明该电池可以实现 216 A 的电流输出电量。

4S 表示该电池采用 4 块电芯串联。通常锂电池单电芯标称电压为 3.7 V，充满后为 4.2 V，那么 4S 则表示该电池的标称电压为 14.8 V，充满后电压为 16.8 V。

通常电池上还会标注瓦时数（Wh），瓦时的计算方式是"电流 × 时 × 电压"，上图的电池瓦时数即为：1.8 × 14.8=26.64 Wh。这表明这块电池的电量低于民航局规定的 100 Wh 电池容量限制，是可以合法携带乘坐飞机的。

锂电池是一种动力强劲的电池，因此为电池充电时必须要谨慎操作，否则轻则大幅降低电池性能，缩短电池寿命，重则会发生电池爆燃。

锂电池的安全充电电流倍率一般在 2C 以内。以上图的电池为例，即表示该电池最大充电电流不应大于 3.6 A。实际上充电电流控制在 0.2~0.5C 以内（即 0.36~0.9 A）会更有利于延长电池寿命。

图中白色端口的平衡头是用来监控每片电芯电压是否正常的，充电时必须连接平衡头进行充电！

大部分锂电池平衡充电器都通过动力插头进行充电（上图中黄色的插头即为动力插头），在电池快要充满的时候再单独对每一块电芯进行精确平衡，使每片电芯在充电结束时都能达到 4.2 V 的满电电压。这种方式在大容量电池的快速充电比较高效省时，但对于竞速无人机使用的电池，则更推荐使用 UNA6 或 UNA9 这样的独立平衡充电器。它能直接对每片电芯充电，而不必连接动力插头。同时 UNA9 可以同时为 3 块 3S 或 2 块 4S 电池充电，这将极大地提高充电效率。但要注意的是，独立平衡充电器因为使用线径较细的平衡线进行充电，而较细的

平衡线无法支持太大的电流长时间充电，因此绝对不可以高于 5 A 的电流进行充电！

电池使用中的注意事项：

（1）必须使用竞速无人机专用电池。并非所有锂电池都具备竞速飞行所要求的放电性能，比如电池的最大输出能力只有 50 A，而飞机在加速时需要消耗 80 A 的电流，那么这时候电池因为放电能力跟不上，将会大幅度降低输出电压，如果电压降低到飞机所能允许的最低电压以下，则飞机可能会出现空中断电的情况而导致飞机坠毁。

（2）不要对电池过放电。一般锂电池的截止放电电压为 3.5 V，意思是当每个电芯电压降至 3.5 V 时，就表明电量已经基本用完了，如果此时还继续放电，电压将会快速降低，直至电池完全没电，同时也会导致电芯很快失去活性，降低电池性能并影响电池使用寿命甚至使电池直接报废。这也是为什么一般我们都会在 FPV 眼镜画面上显示电池电压的原因。

所以，如果你使用的是 4S 电池，那么当屏幕上显示的电压降到 14 V（$3.5 V \times 4 = 14 V$）时，就需要马上将飞机降落到地面，并尽快断开电池。

（3）保存电压。锂电池的保存电压通常为 3.8 V。对于锂电池来说，长时间处于满电状态或者没电状态，都会使电池慢慢失去活性，从而降低电池的性能和寿命。所以当我们使用完电池，或是预计将会有较长一段时间不使用电池的话，就需要将电池充放至 3.8 V 的保存电压。

因此在每次训练完毕后，马上将电池充放至 3.8 V，是个好习惯。

如果周日才有训练计划，最好在周六晚上再把电池充满，而不是周五就早早把

电池充好。

如果周日突然要去看望爷爷奶奶，只能把训练延迟到周二下午，那么为了电池的健康，还是先把充好的电池放电到 3.8 V 的保存电压吧。

（4）温度对电池的影响。锂电池并不喜欢太热或太冷的环境，而在温度过低的环境下，电池的性能将会明显下降。所以我们会发现，同样的电池，在冬季的飞行时间将会比其他季节明显变短。锂电池正常的工作温度是 0~40℃，而储存温度在 20℃ 左右最佳。

在日常使用中，我们会发现完成飞行的飞机降落下来后，电池会变得很热，高温不但会降低电池的性能，同时如果散热不好，甚至可能造成电池的爆燃，导致飞机在空中被烧毁。

总之我们快乐地训练和飞行都离不开锂电池的帮助，但是锂电池小小的身躯里蕴含着强大的能量，不小心加以控制和保管的话，也会给我们惹出不小的麻烦。同学们务必牢记这些关于锂电池的知识，并小心地使用、保管、维护锂电池，那么这个小家伙也一定不会辜负我们！

17

顺利起飞

在正式飞行之前，我们需要先知道外场飞行的一般区域划分。主要有三个区域，分别是：飞行区、操控区、安全区。

了解了外场飞行的一般区域划分之后，就可以正式开始飞行实训啦！

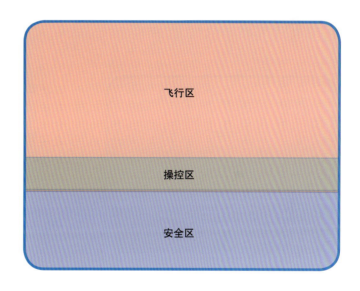

起飞悬停

应该怎样做呢？

（1）飞行员把飞机放在起飞点后，飞行员站在操纵点位，操控飞机起飞；

（2）飞机移动到红色小旗上空，稳定在 1.5 m 高度并保持 4 s；

（3）返回起飞点降落。

动作分解：

飞机停在起飞点

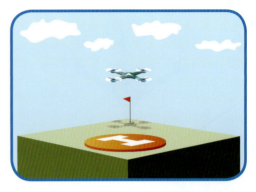

飞机在小旗的 1.5 m 高度悬停 4 s，然后返回起飞点降落

飞机出现明显的上下飘动

注意这些细节：

（1）起飞达到的 1.5 m 高度，稳定了之后才开始计时，上下飘动过大，不能开始计时哦。

飞机飞出起飞点为圆心半径 30 cm 的圆

（2）开始悬停的 4 s 内飞机不能出以起飞点为圆心半径 30 cm 的圆。

（3）定点悬停并不是保持遥控器的操纵杆完全不动，而是根据飞机略微移动的方向，给遥控器的操纵杆一个小幅度、快速的杆位变化，这样才能够稳定飞机的位置。

完成了上面的训练，下面我们来进行一个情景对抗的小游戏。

无人机托盘

情节描述：

无人机的上方搭载一个支架，支架上放一个小乒乓球，在保持乒乓球不掉下来的情况下，按照本章节的动作完成"起飞悬停"训练。

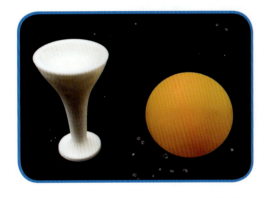

从我们的实验箱中选取一个小支架和乒乓球

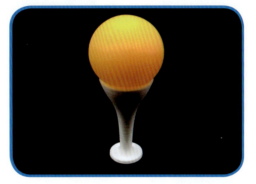

把乒乓球放在小支架上，小支架的底部粘在我们的无人机上

常见飞行故障判断：桨叶损坏篇

我们使用的无人机大都是有四个螺旋桨的四旋翼无人机，缺少一个就会坠毁，所以保护螺旋桨的完好是一个非常重要的工作。

飞行中的四旋翼无人机需要四个桨叶同时正常工作

无人机撞击，这是我们训练时最为常见的事故

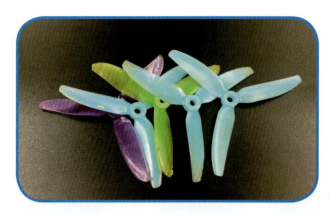

这些是训练后留下废弃的螺旋桨，能够明显地看出这些螺旋桨的损伤

现在大都使用的是塑料的螺旋桨，既轻薄又坚固

飞机使用全包围桨保护罩

正常使用的桨叶寿命非常的长，但是我们在学习和练习操控四旋翼飞机的过程中，飞机很容易因为操作失误或者操作受到干扰而遭受到撞击，在这种情况下，飞机极为容易受到损伤，首当其冲的就是螺旋桨。

桨叶损坏是无人机最常见的物理性故障，在外观上就能很容易地判断出是否出现问题。

我们操控的四旋翼飞机螺旋桨使用的是韧性较强的塑料，为什么不使用金属呢？因为金属桨叶长时间使用会疲劳，出现轻微的形变不容易被发现。

如果使用其他物体把桨叶全包围起来，能不能避免螺旋桨损坏呢？

当然能够避免，但是同样也会因为无人机总重量的增加导致飞行时间的下降。

既然螺旋桨如此重要，如何才能判断螺旋桨是否出现问题了呢？

现象 1：螺旋桨部分开裂。

螺旋桨开裂一般是因为操作不当导致，桨叶尖部开裂会降低桨叶在飞行中的性能，而桨叶根部开裂可能会导致飞行途中桨叶突然断裂，无人机坠毁。桨叶尖部的裂纹通常反应为桨叶尖部裂开，很容易判断，而桨叶根部的裂纹一般较小，反映为沿折痕的乳白色段。

现象 2：螺旋桨部分缺失，桨叶卷曲。

开裂的螺旋桨继续使用后可能会导致螺旋桨桨叶部分缺失，螺旋桨撞击物体会导致螺旋桨的桨叶卷曲，这两个现象都会影响飞行器的操纵性能，最直观的表现是推油门加速和进行偏航动作时，部分缺失的桨叶和卷曲的桨叶端在进行动作时会稍有迟缓，和完好的桨叶有明显的不同，所以在有比赛时，检查和更换一个完好的桨叶是非常重要的。

现象 3：螺旋桨缺失整个桨叶。

这种情况通常发生在飞行器经历一个比较大的撞击和多次小撞击之后，螺旋桨的桨叶缺失一片或者两片，这种情况下飞机无法进行飞行，而且缺叶桨旋转会引发非常大的震动，极大地影响电机的使用寿命。飞行器如果出现螺旋桨桨叶缺失的情况，请立即停止飞行，更换桨叶。

飞机螺旋桨有明显的开裂

螺旋桨桨叶部分缺失，能够飞行但是操控性能大打折扣

飞机螺旋桨一片完全缺失，这种情况无法保证飞行的安全

18

简单航线飞行

水平位移

应该怎么做呢?

（1）飞行员把飞机放在起飞点，飞行员站在操作点位；

（2）飞行员操纵飞机起飞，起飞后高度保持 1.5 m 悬停 4 s；

（3）飞机向左飞行到达红色小旗上空悬停 4 s；

（4）飞机向右飞行到达绿色小旗上空悬停 4 s；

（5）返回起飞点降落。

动作分解：

飞机停在起飞点

飞机在起飞点 1.5 m 处悬停 4 s

飞机移动到红色小旗上空悬停 4 s

飞机飞行到绿色小旗上空悬停 4 s，最后回到起飞点降落

注意这些细节：

（1）起飞悬停，红色小旗上空，绿色小旗上空悬停的时间都需要保持 4 s，而且上下浮动的空间不可过大。

（2）在悬停 4 s 的时候不能超过以小旗或起飞点为圆心半径 30 cm 的圆。

（3）在进行前进后退等操作时，需要增加一定的油门进行高度的补偿，防止飞机高度过低。

完成以上的训练后，下面我们来进行一个情景对抗的游戏。

无人机障碍躲避飞行

情节描述：一片区域内设置若干个小旗，教师依据学生练习情况进行路线的设计，学生从起飞点起飞，依次绕过多根小旗后返回起点。

常见飞行故障判断：电机损坏篇

电机损坏是飞机的严重故障，外观性的损伤能够直接判定，而内部的损伤

无人机障碍躲避飞行

则需要根据所学的知识和电机反映的现象来进行判定。

电机损伤的原因大体上分为两种。第一种，练习时操作失误，飞行器撞击障碍物导致电机轴变形，严重的可能导致电机产生明显的外部损伤痕迹；第二种，飞行器连续飞行时间过长和飞行器使用时间过长，电机内部磨损导致电机受到损伤。

图中有各式各样磨损的电机，每种电机外观虽有不同，但是其原理相同，都能通过相同的办法判断电机的故障

这是一颗受到损伤的电机，你能判断出这是因为哪种原因受到损伤吗？

仔细观察我们使用的电机，螺旋桨固定在电机的轴上，这是为了电机能够更加紧凑，尽量减轻飞机的体积和重量来达到合适的续航。轴采用的是高强度钢，结合相对柔软的螺旋桨，能够承受住飞行器正常的撞击，但如果撞击超过一定力度，轴也会因为力度过大而弯曲。

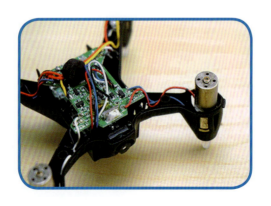

轴弯曲过大后会导致断裂

我们现在使用的电机为空心杯有刷电机，电机旋转一圈需要进行 2~3 次的换向，电机每分钟能达到上万甚至十万的旋转次数，每次的换向都需要使用含碳的电刷完成，这样也就导致电机在长时间和高热量运行的情况下容易磨损，当含碳的电刷完全消耗时，电机也就不能正常转动了。

右边黑色的电机盖内的铜片就是电机的电刷

由于飞行器碰撞，会产生电机损伤的情况，飞行员需要多加练习，增加飞行经验来减少碰撞次数，而通常熟练的操控手遇到不可避免的碰撞时，甚至会改变飞行器的飞行路线来避免飞机受到致命撞击。

那么，如何判断电机的故障呢？

现象 1：电机短时间运行发热，起飞时感觉力量不足。

这种情况属于电机的电刷部分磨损，电刷磨损掉之后，固定电刷的铁片摩擦到换向器，由于铁片无自润滑的效果，发热将会大幅度增加。通过更换电机能够解决这个问题。

现象 2：桨叶转动时震动很大，更换新桨叶也无法改善。

当电机轴歪，还能旋转时，反映出的现象就是桨叶明显震动过大。把螺旋桨卸下，仔细观察电机轴，会发现有一

碰撞时适当减速能避免致命的损伤

空心杯电机的电刷很容易磨损，图中换向器上黑色的部分就是磨损后产生的残渣

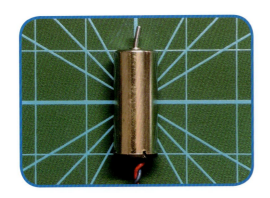

定的弯曲幅度，如果还能够进行飞行，在进行训练飞行时不用过于注重，但如果要参加比赛，则需要更换电机来达到更好的飞行效果。

明显的歪轴电机

现象 3：电机外观损伤和电机烧毁。

如果是人为操作原因导致的损伤，直接更换电机。如果是电机自己烧毁，则需要交给老师或家长，然后通过电机厂家的售后途径解决这一个问题。

厂家的专业人员能够通过焊接的方式修复飞机上的故障

定点悬停

四面悬停

应该怎么做呢?

（1）飞行员把飞机放在起飞点，机头朝前机尾朝后；

（2）飞行员站在操作点位，飞行员操纵飞机起飞，起飞后高度保持 1.5 m 悬停 4 s；

（3）飞行器向左转动 90°，飞机机头向左，悬停 4 s；

（4）飞行器再向左转 90°，飞机机头向后，悬停 4 s；

（5）飞行器再向左转 90°，飞机机头向右，悬停 4 s；

（6）再恢复最初角度，飞机机头朝前，悬停 4 s；

（7）降落至起飞点。

动作分解：

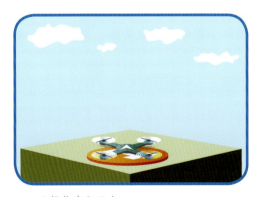

飞机停在起飞点

飞机起飞后在 1.5 m 高度处悬停 4 s

飞机在 1.5 m 高度机头朝左悬停 4 s

飞机在 1.5 m 高度机头朝后悬停 4 s

飞机在 1.5 m 高度机头朝右悬停 4 s

飞机在 1.5 m 高度机头朝前悬停 4 s，然后降落

注意这些细节：

（1）起飞悬停，飞机机头朝各个角度悬停时，每个动作都需保持 4 s，而且上下部分浮动的空间不可过大。

（2）在悬停的时候飞机的运动不能超过以小旗或起飞点为圆心半径为 30 cm 的圆。

（3）悬停时很可能由于方向判断错误导致向一个错误的方向一直打杆，所以在练习时，需要不断思考飞机现在的方向以及应该打杆的方向，这样才能够保持飞机的稳定。

完成了上面的训练，下面我们来进行一个情景对抗的游戏。

无人机搜索救援

情节描述： 队友的飞机在敌占区坠毁，队友被敌人包围，你需要操控无人机救助你的队友，注意不要救援敌人哦。

常见飞行故障判断：飞控损坏篇

飞控的设计复杂而又精密，以往需要复杂机械结构的机械式飞控处理数据，现在往往只需要很小的一块电路板就能够代替，节省了重量体积。而飞控的设计复杂而又精密，一旦出现故障，有一些我们能够解决，有一些是不可逆的损伤，则需要去更换。

飞控的损伤一般有两种情况。第一种情况：飞机撞击过于猛烈，损伤到了电路板上的元器件；第二种情况：飞机的电路板老化，元器件失灵。

第一种情况，飞控上的元器件的固定靠的是焊锡，焊锡相对来说偏软，飞机在遭受到撞击、踩踏或者是拉扯电源线的时候有可能会发生这些问题。第二种情况，属于厂家的设计问题，元器件质量较差，容易失效。

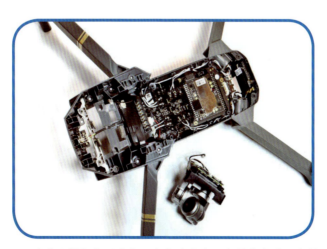

这种飞机相较于我们而言较为复杂，但是基本的组成是一样的

即将遭受撞击的两台飞机

图中的飞控上有一个连接其他模块的端口元器件掉了，导致这块飞控无法连接其他的模块，飞控待修理

在马路上空飞行的飞机，严重危害公共交通安全

飞控正常的飞机能够达到像这样脱杆基本悬停的状态，如果脱杆后不断倾斜，幅度越来越大，那么就是电子式陀螺仪受到了干扰

在操控飞机时我们要时刻注意飞机的高度、位置，避免在公路边、高楼的窗台边等位置飞行，因为这样极易造成飞机被汽车碾压、飞机从高楼坠落导致飞控损坏，在正常的飞行时也应避免飞机过多的碰撞导致飞控上的部件因为金属疲劳而失效。

那么，如何判断飞控的故障呢？

现象 1：飞机起飞后一直朝着一个方向偏移。

飞控上使用的都是电子式陀螺仪，比较容易受到磁铁的干扰，受到干扰后的飞控容易被误判姿势，飞控以为是平着飞的，其实是在一直倾斜飞行。如果出现这种情况，把飞机断电，尝试重新启动飞机，如果还是出现这个问题，连接软件进行校准。

现象 2：飞行器上的指示灯显示不正常，有时候显示，有时候不显示。

飞控的指示灯是我们判断飞机状态的一个重要参数：每个机型不同，指示灯显示的方式也不同，指示灯显示是否正常可与说明书对比，若发现显示异常，可能是飞控出现故障。

飞机闪烁着红色的指示灯

现象 3：飞控无法启动，重新接上电池也无反应。

飞行器出现这个问题，有两种情况。一是飞控的设置不正确；二是飞控上的电路元器件老化或者是飞控受到了比较多的撞击，导致飞控的某些零部件失效，这时候就要把飞机交给老师或者家长寄回厂家维修，问题就能够得到解决。

飞控上的指示灯，如果不亮，则需要发回厂家维修

20

矩形航线飞行

矩形航线飞行

应该怎么做呢?

（1）飞行员把飞机放在起飞点，机头朝前机尾朝后；

（2）飞行员站在操作点位，操纵飞机起飞，起飞后高度保持 1.5 m 悬停 4 s；

（3）飞机往绿色小旗方向移动并右旋 180°，并在绿色小旗上方悬停 4 s；

（4）飞机在绿色小旗上方上升到 3 m 高度后，悬停 4 s；

（5）飞机移动到红色小旗上空 3 m 高度处，悬停 4 s；

（6）飞机下降至红色小旗上空 1.5 m 高度处，悬停 4 s；

（7）飞机往起飞点方向移动并右旋 180° 并在起飞点上空悬停 4 s，飞机降落。

动作分解:

飞机停在起飞点

飞机起飞后在起飞点悬停

飞机飞行到绿色小旗上空并往右旋转180° 悬停4 s

飞机上升到3 m高度悬停4 s

飞机向右移动到红色小旗上空3 m高度悬停4 s

飞机下降到1.5 m高度悬停4 s

注意这些细节:

（1）执行悬停动作时，每个动作都需保持4 s，而且上下部分浮动的空间不可过大；

（2）在悬停的时候飞机的运动不能超过以小旗或起飞点为圆心半径为30 cm的圆；

（3）这里操作的难点在于控制方

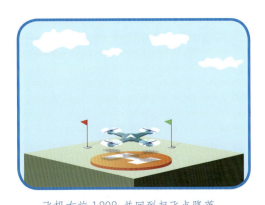

飞机右旋180° 并回到起飞点降落

向相反的飞机还需要达到一个较为精准的操控，需要多加练习才能熟练控制。

完成了上面的训练，下面我们来进行一个情景对抗的游戏。

无人机定点投送

情节描述： 现在需要往我们在敌占区的部队投送一批物资，敌占区的防空火力非常猛烈，飞机需要在不低于 1 m 的高度投放物资，请不要给敌人投送物资哦。飞机上使用"L"型支架挂载投掷物，每位飞行员有三次投掷机会，可以利用飞机前后左右偏航投掷物体。

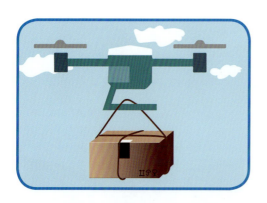

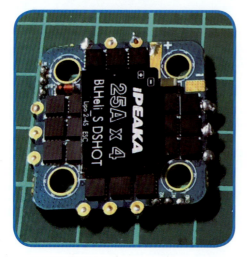

这个是四合一的电子调速装置，和我们的有些许不同，但是能采用同样的方法来判断故障

常见飞行故障判断：电子调速装置损坏篇

电子调速装置为飞控和电机之间进行通讯的元件，飞控告诉电调，电调再驱动电机应该如何旋转，这个模块如果出现问题，就会导致飞控无法正确地操控电机，出现飞机失控的现象。

造成电子调速器的损伤一般有两种情况：飞机的意外碰撞或电子调速器过载。

首先电子调速装置和飞控一样，都

是一块电路板，容易因意外碰撞导致电路板上的元器件脱落，从而导致飞机故障。而飞机长时间飞行，有可能导致电子调速器的驱动模块过热失效。

平时飞行时需要在无人空旷的条件下进行，能够避免飞机受到碰撞，但也可能因为一个普通的意外导致飞行器内部受到损伤。

炎热的环境下飞行，很容易导致电子调速器的驱动模块过热

这是一个专业的无人机飞行场地，场地相当空旷，能够最大程度地避免飞机遭受撞击

21

水平八字航线

双向水平八字

应该怎么做呢?

(1)飞行员把飞机放在起飞点,机头朝前机尾朝后,飞行员站在操作点位;

(2)飞行员操纵飞机起飞,起飞后高度保持 1.5 m 悬停 4 s;

(3)飞机以半径 5 m 圆轨迹做机头向内和水平圆周飞行,经过绿色小旗上空;

(4)飞机以半径 5 m 圆轨迹做机头向外的水平圆周飞行,经过红色小旗上空;

(5)完成所有飞行动作后降落。

动作分解:

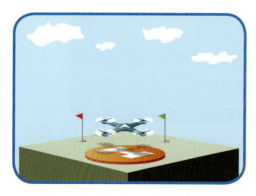

起飞后高度保持 1.5 m 悬停 4 s

模型以半径 5 m 圆轨迹做机头向内的水平圆周飞行,经过绿色小旗上空

注意这些细节：

（1）执行悬停动作时，每个动作都需保持 4 s，而且上下部分浮动的空间不可过大；

（2）模型自转、行进过程中出现位移或高度变化不可过大；

（3）做水平圆动作时一定要分别经过两个小旗的上空；

（4）水平圆的轨迹要平滑，在摇杆上使用"方向""副翼""俯仰"组合操作，多加练习，便可达到理想效果。

完成以上训练后，下面我们来进行一个情景对抗的游戏。

模型以半径 5 m 圆轨迹做机头向外的水平圆周飞行，经过红色小旗上空

无人机运载投放

情节描述：无人机在电池充足的情况下进行装备的搬运，装备在后方的装备营等待搬运，需要搬运至前线战场。如何进行任务的规划，完成在不充电的情况下进行更多数量的障碍物搬运呢？

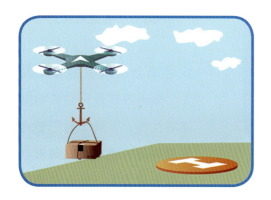

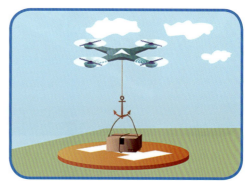

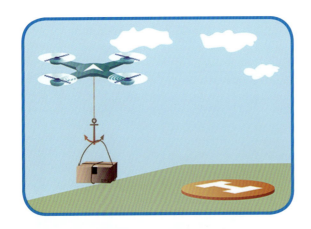

常见飞行故障判断：电池损坏篇

电池是飞机上所有系统的电力来源，是飞机飞行的动力源泉，同时电池也是飞机上最脆弱的部件之一，飞机的电池如果出现了损坏，就会导致飞机出现空中停飞等重大问题。

电池损坏有两种情况。第一种，电池短路：电池的电源线受到拉扯时非常容易出现电池短路的现象，短路会冒火花，电池可能爆燃；第二种，电池老化：飞行次数过多时会导致电池的放电能力降低，电池达不到原有的性能。

那么如何判断电池的故障呢？

现象1：电池鼓包。

电池在经过多次的飞行后可能会有鼓包的现象发生。微小的鼓包只会影响电池的性能，导致飞行不能达到最高的性能水平；如果电池鼓包非常大，那么电池继

飞机上的电池极易损伤，是飞机上非常脆弱的部分

这颗经过无数次"摧残"的电池，出现鼓包和电池老化的现象，已经不能正常使用了

续使用将会有爆燃的危险，这种情况下一定要将电池放入饱和食盐水中，大约两天后电池的电量耗尽，然后将其放入有害垃圾的垃圾桶。

现象 2：电池破损。

电池在遭受到撞击后可能会导致电池壁破损，破损的电池不能够进行充电或者使用，在充电时有非常大的爆炸危险！这种情况下一定要将电池放入饱和食盐水中，大约两天后电池的电量耗尽，然后将其放入有害垃圾的垃圾桶。

电池鼓包过大，导致外壳撑至变形甚至破裂

电池的外壁有明显破损并有流出电解液的痕迹

FPV飞行

1.FPV 无人机体验飞行

经过前面课程的情景模拟训练，同学们对飞机的操控应该已经达到了一定的水平。接下来，带大家了解一下空中机器人的新型运用方式——第一人称视角飞行（First Person View Fly），简称 FPV 飞行。

学生们正在进行第一视角无人机操作

2.FPV 真机体验飞行

在经过 FPV 模拟器飞行训练之后，相信同学们已经可以安全操作空中机器人进行 FPV 真机飞行了。

接下来，我们进行一下常规飞行前的准备工作。主要分为以下几步：

（1）检查飞机：包括机架、电机、飞控、电调、螺旋桨等外形检查，主要检查是否有外形破损，如有明显的外部破损，则需要进一步检查是否有功能上的问题。

（2）检查电池：给飞机上电之前，首先检查电池是否有破损，如有破损则该电池不可以再使用。如电池没有破损，则进行电池的电量检查。我们通常使用电池检测器对电池进行电量检查，如电池电量为 3.7 V 左右，则该电池处于缺电状态，需要对其进行充电；如电池显示电量为 4.2 V 左右，则该电池是处于满电状态，可以用于飞机飞行。

（3）检查飞机功能：将满电的电池固定到飞机上，将电池给飞机供电，打开遥控器，确认飞机与遥控器已正确连接。在确保周围无人并且保证安全的情况下，将飞机解锁不飞行，检查飞机解锁情况下的桨叶旋转情况，确认无误后方可开始飞行。

（4）检查 FPV 图像接收模块：在飞机通电不解锁的情况下，打开 FPV 图像接收模块，调整图像接收频段，确保图像接收模块的设定频段与飞机上图像发射模块的频段是相同的。并且能在接收模块中看到飞机上传输回来稳定的图像。

飞机检查完成以后，接下来就可以开始我们的真机飞行体验了。大家可以自己设定飞行赛道来进行比拼。

在飞行结束之前，同学们需要将飞机飞回指定区域，并且不可以随意在人群上空飞行，以确保飞行过程中的安全。如果在飞行过程中出现无法控制飞机的情况，应当立即关停油门控制杆，并不再控制飞机。

常见飞行故障判断：机架结构损坏篇

机架结构损坏顾名思义就是飞机的外壳结构有了损伤。飞机的机架是飞机零部件的载体，电机需要机架固定位置，飞控和电子调速器及电池也需要机架固定位置，机架如果有损伤，就无法在飞行中保证所有的零部件固定在原有的位置，就无

飞机的机架作为飞机所有部件的载体，重要作用可想而知

法保证飞行安全。

机架损伤有两种情况。第一种机架疲劳：飞机经过很长时间（5~10 年）的飞行后，飞机机架的某些部位会因为震动产生疲劳；第二种机架受到撞击：飞机在受到撞击时，飞机机架的一些结构位置受到的力量超过本身能承受的力量，导致机架断裂。

飞机飞行时和降落时难免会有震动产生，每一次的震动都会对机架产生轻微损伤，这些震动累加到一定程度就会导致机架疲劳。

而飞机受到撞击时，除了螺旋桨外，飞机的机架是最容易受到撞击的零件，普通的飞机使用的是塑料，稍微坚固一点的飞机使用的是碳纤维，越坚固的飞机对撞击的耐受也是越高的，但是所有的材料都有一个限度，过高速度的碰撞都可能导致飞机机架损坏。

飞机撞击后导致机架断裂

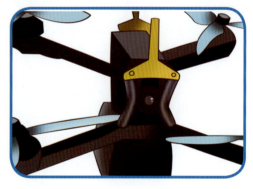

机架疲劳，发生弯曲

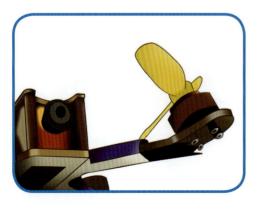

机架撞击导致断裂特写

那么，如何判断飞机机架的故障呢？

现象 1：飞机机架结构出现磨损。

飞机机架如果经过了比较多的起降架次，就有可能出现磨损。检查飞机机架之间的强度，用手轻轻掰一掰，出现了部分的形变但结构强度依旧存在，那么机架也就不需要更换，

降落不当，导致机架磨损

但是，我们应该在之后的飞行中继续关注飞机的状态变化，定期检查飞机机架强度。

现象2：飞机机架出现裂纹。

飞机在经过多次飞行或者碰撞之后，飞机难免会出现一些裂纹，这些裂纹一定要成为我们关注的重点。关键部位出现裂纹，建议及时更换机架。

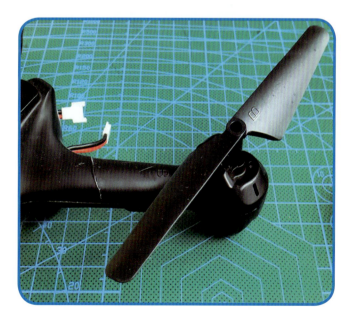

机臂关键部位出现裂纹。图中机臂上的白色线条就是机臂出现的裂纹

现象 3：飞机机架出现断裂。

飞机机架的很多个部位都可能出现断裂，有可能是电机的固定座、电池的固定仓、飞控的固定座、飞机的起落架，这些部位如果出现断裂则需要更换飞机的机架，如果强制飞行，就有可能出现危险事故。

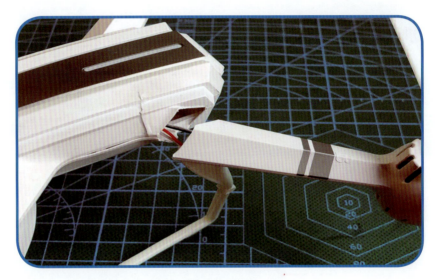

飞机的机架断裂，这种情况下不能够飞行